阅读成就思想……

Read to Achieve

加密货币陷阱

CRYPTO WARS

Faked Deaths, Missing Billions and Industry Disruption

[英] 艾瑞卡 · 史丹佛德（Erica Stanford）◎著

王艺莹◎译

中国人民大学出版社

· 北京 ·

图书在版编目（CIP）数据

加密货币陷阱/（英）艾瑞卡·史丹佛德（Erica Stanford）著；王艺莹译. -- 北京：中国人民大学出版社，2022.9

书名原文：Crypto Wars: Faked Deaths, Missing Billions and Industry Disruption

ISBN 978-7-300-30971-2

Ⅰ.①加… Ⅱ.①艾… ②王… Ⅲ.①电子商务—电子支付—支付方式—研究 Ⅳ.①F713.361.3

中国版本图书馆CIP数据核字（2022）第162413号

加密货币陷阱

［英］艾瑞卡·史丹佛德（Erica Stanford） 著

王艺莹 译

Jiami Huobi Xianjing

出版发行	中国人民大学出版社		
社　　址	北京中关村大街 31 号	邮政编码	100080
电　　话	010–62511242（总编室）		010–62511770（质管部）
	010–82501766（邮购部）		010–62514148（门市部）
	010–62515195（发行公司）		010–62515275（盗版举报）
网　　址	http:// www. crup. com. cn		
经　　销	新华书店		
印　　刷	天津中印联印务有限公司		
规　　格	148 mm × 210 mm 32 开本	版　　次	2022 年 9 月第 1 版
印　　张	7.5 插页 1	印　　次	2022 年 9 月第 1 次印刷
字　　数	138 000	定　　价	69.00 元

本书赞誉

■ 本书有助于读者揭秘那些令人迷惑的、层出不穷的加密货币骗局。如果你正在考虑投资加密货币，一定要先阅读此书。

杰米·巴特利特（Jamie Bartlett），BBC 播客《消失的加密女王》（*The Missing Cryptoqueen*）主持人、作者、出版人和记者

■ 加密货币是史上最快的暴富方式。不幸的是，那些幻想着暴富的人恰恰是最容易被骗的人；正因如此，一起起的骗局相继出现在了这个领域。艾瑞卡·史丹佛德在书中讲述了这些人悲惨却又惊心动魄的故事。

多米尼克·弗里斯比（Dominic Frisby），喜剧人、演员、《财经周刊》（*MoneyWeek*）专栏作家、《光天化日抢钱》（*Daylight Robbery*）一书作者

■ 艾瑞卡·史丹佛德的新书覆盖了加密货币这一变革性新技术带来的好处和弊端。阅读此书，五味杂陈。这本书结合了科技、商业、神秘、幻想和流行文化，极富吸引力和启迪性。最重要的是，这本书讲述的都是真实的故事。

安东尼·戴（Anthony Day），IBM 区块链合作人、播客《区块链

无法拯救世界》(*Blockchain Won't Save The World*)主持人

■　本书对于首次代币发行(ICO)盛行时期的回顾非常精彩，分析了市场过热大有掩盖技术本身之势。艾瑞卡·史丹佛德准确捕捉到了那一时期的市场氛围与活力，让该书兼具娱乐性和启迪性。

卡罗琳·凯西(Caroline Casey)，万事达卡欧洲副总裁、创意和消费体验玩家

■　最大的庞氏骗局、间谍活动、8000亿市值的泡沫、诈死、“加密女王”、赌博、色情、巧妙地与监管部门和FBI周旋，试问你能在其他书上看到这些吗？在有安全背书的代币和央行数字货币才刚刚起步的背景下，加密货币的未来将何去何从？艾瑞卡·史丹佛德对此的分析非常精彩。

鲍勃·威格里(Bob Wigley)，UK金融主席、英格兰银行跨市场运营弹性小组(CMORG)联席主席

■　这本书妙趣横生，讲述了有关加密货币的种种怪诞现象。除了有趣之外，我们依然能窥视到这样一种可能性：加密货币未来或将成为全球金融系统的有力竞争对手。

迈克·布彻(Mike Butcher)，TechCrunch资深编辑

■　本书对人性的精准剖析引人入胜。面对加密经济下的诸多新领域，人性之恶的部分开始显现。这是一部投资者、监管者和金融建设者必读的作品。

莱克斯·索科林(Lex Sokolin)，金融科技未来主义者、哲学家、The Fintech Blueprint创始人、ConsenSys首席经济学家

■ 这本书非常适合那些在小心翼翼涉足加密货币领域的人。

萨拉·沃恩（Sara Vaughan），全球品牌创意家

■ 艾瑞卡·史丹佛德带领读者们回顾了复杂的加密货币历史——黑客、诈骗、拉高出货等骗局，而且细节丰富，叙述动人，让人爱不释手。

莱斯莉·兰姆（Leslie Lamb），Amber 集团机构营销负责人、Crypto Unstacked 播客主持人

■ 这本书的问世恰逢其时，它在加密市场蓬勃发展的背景下客观地讲述了行业的故事。这本书捕捉了行业趣事、高潮和低谷，让人爱不释手，难以抗拒。

查理·克里根（Charlie Kerrigan），CMS 合伙人和金融科技全球负责人

■ 艾瑞卡·史丹佛德揭示了加密货币领域的诸多诈骗、梦幻场景，一方面提醒着我们太阳底下无新鲜事；另一方面又提醒着我们对加密货币的深远影响了解得尚不充分。

戴维·伯奇（David Birch），《货币冷战》（*The Currency Cold War*）作者、数字金融业务评论员和国际顾问

推荐序

自2009年比特币诞生以来，加密货币一直饱受争议。一方面，加密货币体系的设计具有超强的创新性。加密货币以公钥密码学为基础，并基于此创造了匿名账户体系。同时，中本聪创造性地提出了基于工作量的共识机制（POW）；所以，尽管比特币并没有政府背书，跨国互联网用户依然可以对比特币交易达成共识。然而，加密货币的价值源泉和使用场景却一直饱受争议。加密货币价格波动巨大，远远大于已知的金融资产，这说明投资者对于加密货币的价格很难达成统一的认知。投机和割韭菜的行为充斥着这个市场。2019年《金融学习评论》杂志发表了题为《性、毒品和比特币》的论文，该论文估计大约有760亿美元的非法行为与比特币相关，这与美国和欧洲的毒品交易总量相当，可以说，比特币已成为黑市的流行货币。

我从2004年攻读博士时开始研究商品交易，特别是传统商品（如铜、石油）的期货交易。直到2017年，我的学生告诉我新一代商品（如碳排放权、加密货币、数据等）横空出世了。这些 2.0 版的商品引起了我浓厚的研究兴趣，尤其是在美国商品期货交易委员会认定加密货币属于商品而不是货币之后，我对它们的研究兴趣更浓了。

由于加密货币以公链体系为基础，不存在任何可以对分布的节点进行管理的中心化机构，因而，有关加密货币监管的研究相对空白。我也因此开启了对加密货币的监管领域的研究。我的论文《加密货币的刷单交易》通过 29 家交易所的实证数据发现了加密货币领域普遍存在的问题——刷单交易，即交易所或者交易者通过伪造交易，从而提升交易所的流动性的行为。我在论文中呼吁对加密货币市场进行监管，以遏制市场操纵。由于它是第一篇系统分析加密货币刷单交易的文章，该论文获得了多个会议的最佳论文奖。我的另一篇论文《区块链上的庞氏骗局》（*Ponzi Scheme on Blockchain*）利用人工智能算法发现了以太坊上的几百个庞氏骗局，这些庞氏骗局都是基于区块链上的智能合约的，而智能合约越复杂，吸引的受骗者就越多。就在三个星期前（2022 年 8 月初），美国证券交易委员会还在指控 Forsage（一个加密货币平台）涉嫌庞氏骗局，导致数百万投资者蒙受损失，涉案金额超 3 亿美元。要知道线下的庞氏骗局已经基本消失，而区块链上的庞氏骗局却仍然大量存在。我的这些发现可以和本书的众多案例相互印证。

本书介绍了大量的基于加密货币的骗局和陷阱。由于加密货币往往基于高新技术（如区块链）且有很多造富案例，就很容易被犯罪集团利用，而投资者也容易被这些特点所吸引。由于加密货币很难监管，受骗者最终往往会成为被宰的羔羊和被割的韭菜，损失也难以挽回。在实体经济里被严厉打击的骗局在加密货币的世界里却随处可见，从传销到庞氏骗局，从价格操纵到投票贿赂，花样繁多。这些骗局的涉案金额可以高达几十亿美元，也可以少到几美元。

本书给我印象最深的案例莫过于加密女王鲁娅·伊格纳托娃的故事。她推出的维卡币从一开始就是骗局，这个币甚至都不是基于区块链的！维卡币在中国也欺骗了大量的投资者，涉案金额高达 150 亿元人民币。最终，由于鲁娅下落不明，受骗投资者的资金也无从找回。Mt. Gox 是本书描述的另一个典型案例，该交易所的比特币交易量曾占全部比特币交易量的 80% 以上，但由于黑客的攻击，该交易所面临倒闭。于是交易所制造了两个交易机器人进行刷单交易并操纵比特币价格，以吸引更多的交易者进入该交易所并抬高比特币价格。发表在《宏观经济学杂志》上的一篇题为《比特币生态中的价格操纵》的文章分析了这个事件。文章估计 Mt. Gox 交易所至少进行了 60 万枚比特币的虚假购买，价值 1.88 亿美元；这些虚假交易推高了比特币价格，使其每日上涨幅度大约为 4%。

值得注意的是，由于加密货币领域极易出现投资陷阱、洗钱、非法集资等违法行为，我国对加密货币是完全禁止的。相关部门发布的《关于防范虚拟货币交易炒作风险的公告》中的第二条明确规定，金融机构、支付机构等会员单位要切实增强社会责任，不得用虚拟货币为产品和服务定价，不得承保与虚拟货币相关的保险业务或将虚拟货币纳入保险责任范围，不得直接或间接为客户提供其他与虚拟货币相关的服务……

总之，加密货币充满了造富传奇，却也让很多投资者最终深陷骗局。席勒和阿克洛夫的《动物精神》一书反复提到，贪婪和非理性是人类与生俱来的动物精神。在加密货币面前，动物精神又一次让投资者逡巡。这样一来，避开加密货币陷阱就成了优秀投资者必备的核心素养。

汤　珂

清华大学社会科学学院经济所教授、所长

鸭子测试

正如一句谚语所言，一个看起来像鸭子，游起来像鸭子，叫起来像鸭子的东西就会被当成鸭子，至少也是鸭子的同类生物。加密货币——一个市值曾高达1.8万亿美元的数字货币生态系统，多少有些西部荒野的味道。而针对加密货币的监管却滞后于技术和创新的脚步。至少在近些年，这一部分是空白的。在大众看来，加密货币就是一个由各种黑帮、有组织的犯罪团伙、间谍、黑客、投机者和骗子组成的地下世界。这个世界充斥着骗局、黑客、窃贼、绑架、敲诈、消失的人和刚融资完就可能随时跑路的项目。

加密货币行业的骗局要远多于其他行业。这也使得鸭子测试的结局大不相同。正如莱特币创始人李启威（Charlie Lee）所言："如果一个东西看起来像鸭子，游起来像鸭子，叫起来像鸭子，那它就是庞氏骗局。"在币圈，诈骗此起彼伏，从未停止过。

私下分享的故事

2019 年 12 月，我曾在我们的加密咖喱俱乐部（Crypto Curry Club）会员的圣诞午宴中接待过杰米·巴特利特。巴特利特是一名研究人员、调查员和 BBC 旗下一档火爆的播客节目《消失的加密女王》的主持人。全世界都在关注他们的最新调查结果，期待他们能找到圈了 40 亿～150 亿美元的维卡币（OneCoin）骗局的创始人鲁娅·伊格纳托娃（Ruja Ignatova）。过去两年，FBI（美国联邦调查局）一直在寻找她。

鲁娅有着一系列的风流史，纠缠于间谍和各种有组织的犯罪中，在得知自己被 FBI 通缉后，就从人们的视野里消失了。考虑到她名下至少有几亿美元的资产，或许她已经整容了，现在可能藏匿在任何地方。这是一个现代版的侦探故事。在杰米分享的时候，房间里的氛围很热烈。杰米在查塔姆研究院（Chatham House）的规定范围内对现场观众知无不言。我们约定了房间里的一切对话都不会外传，所以大家都知无不言。几个小时下来，杰米一个故事接着一个故事地揭秘了事件的黑暗面。

自那次事件以后，更多的犯罪和欺诈发生了。我们的成员都是加密货币不同领域的专家，他们了解一些重大的加密骗局不为人知的内幕。有些骗局已经消亡了，但更多的骗局还在攫取着普通百姓的钱财，并且在你我每天使用的社交媒体上做着推广。

我开始与他们交谈以挖掘更多的真相。经过多年持续的调查，他们挖掘出了有关这些骗局的更多的故事，都是些不能被其他人知道的。一些人因此受到了死亡威胁或恐吓，要求他们停止调查。他们不准备再冒着巨大的风险公开发言了。但是他们透露的零零星星的信息已经足够支撑我去深入挖掘这些骗局，并且我在一些聊天室和群组里承认过这些骗局至今还在活跃。

8000 亿美元泡沫的形成

继比特币之后，成千上万种新的加密货币凭空诞生了。发行一种新的代币其实非常简单。任何人都可以不费吹灰之力创造出一种全新的代币。一个接一个的项目通过首次代币发行（initial coin offering，ICO）来募资，它们名字千奇百怪，如耶稣币、性币、陶罐币、川普币、猫币等。

一夜暴富的幻想催生了一个市值曾高达 1.8 万亿美元的繁荣市场，诞生了不计其数的加密项目。大部分项目都没有任何实际用途。

正如互联网泡沫和历史上的其他泡沫一样，加密货币的收益波动巨大，且大部分币种都毫无意义。大众见识到了比特币的早期参与者是如何暴富的，也希望能从中分一杯羹。在那个疯狂时期，投资者不假思索地投钱，整个币圈充斥着黑客、诈骗和不切实际的承诺，而暴富的幻想从未实现。执法者会在合适的时候介入，称 98% 以上的项目都是诈骗。不久后，这些项目就模糊为一，消失在了 2018 年前的加密货币和 ICO 泡沫之中。

让我赚大钱

并不是所有的项目都会被遗忘。有些项目让人难以忘记，也最让人兴奋。这些项目的发起人会举办最狂野的派对，飞往世界各地参加豪华活动，请投资人玩私人游艇。这些项目看似凭空出现，却能募到上亿美元的巨额资金，并且信徒众多。

这些项目的发起人不见得有多聪明，长得多好看或富有什么独特魅力。事实上，有些项目的特点同其他骗局一样，明面上并没有人负责运营，都是匿名团队。然而大众却追随他们，倾其所有，只为了能参与其中。

本书中提到的骗局影响了千千万万人的生活。上百万人成了受害者，数十亿美元沦为泡影。无数人亏掉了房子，赔上了毕生积蓄，亲朋好友的积蓄也随之蒸发。更惨的是，还有一些老年人只能重回工作岗位赚取生活费。反过来，那些骗子却成了超级富翁，购买了钻石、汽车、游艇、别墅。

谁将是下一个受害者

这些骗局至今仍然存在。有些正是书中提到的，有些则是山寨版，有些甚至是同一批人创造的。骗子的讨论群依然活跃在各个浏览器和社交平台上。要不是已经知道了真相，你肯定不会相信这些都是横行于黑暗世界的、最大的加密货币骗局。

加密货币骗局并非只影响投资人。普通人也很容易成为其受害者。你无法隔绝骗局，骗局不是你一眼就能看出来的。当然，有些骗局漏洞百出，一眼就能识别。而其他的骗局有优秀的营销和看起来高端正规的网站，以及最有说服力的销售人员。本书将描述大众有多容易上当受骗。

随着这本书的展开，我们会一起经历过山车般跌宕起伏的骗局，不仅仅是加密货币行业，也是整个现代史上最大的骗局。它们影响了整个社会和国家。我们将一起剖析这些骗局是如何形成的，人们是如何深陷其中的，为何有些人能从中及时抽身，从而躲过一劫。

读完此书，你会对以下问题有自己的答案：

- 为什么有些骗局成功了，有些却失败了？
- 如何辨别一个项目是好是坏？
- 为什么有些人会沦为受害人？
- 为什么有些项目能获得人们倾其所有的信任？
- 为何人们只有在项目崩盘的时候才会意识到自己上当受骗了？又为什么有些人在项目崩盘，执法部门介入后还执迷不悟，继续支持骗局？这些骗局是如何深入人心的？

- 为什么少部分人凭借直觉就可以轻易判断出骗局？他们是如何看出来的？
- 我们能从那些明辨骗局的人身上学到什么？

灰色地带

我想声明一下，这本书并不只是关于骗局的。加密货币不是非黑即白的，要么是骗局，要么不是。在某些情况下，由于传统的金融行业缺乏经验，导致正经的加密货币公司无法取得银行账户，正常经营。不止一家加密货币公司成了传统银行或其他因素的受害者。

书中有几个章节讲述的是彻头彻尾的骗局，从诞生之初就是庞氏骗局。对于有些章节提到的项目，我们则无法断言，随着时间的推移或者环境的改变，项目的正当性开始变得模糊。还有一些我认为不是骗局，至少其初心不是要骗人，但经历了一系列不幸的事件和错误的决定。我认为一些加密货币项目本身既是无法使用传统的银行体系的受害者，又是有意作恶者。当然，对于有些案例，我的理解不足，也无法给出明确的定义。

仍有希望

不止在加密货币行业，任何行业都存在这种类型的骗局：

好的营销，宏大的愿景，超高的回报率。如果这本书能防止哪怕一个人成为骗局的受害者，在我看来就是好事。

乐观地说，加密货币是一种变革性的科技，具有改变数十亿人民生活的潜力。加密货币的影响将长期存在，而各种骗局只是历史上的昙花一现。在本书最后一章中，我们探讨了加密货币的巨大潜能：给世界各地被忽视的贫困人口带来经济自由，甚至传统的金融体系和政治自由也开始利用这些潜能。

币圈日新月异。写作此书花费了我们很长的时间和大量精力。在写作之际，本书的内容都是我们已知范围内最新的。几乎可以肯定的是，在你读到此书时，有些事情已经发生了变化。我希望你能享受此书！

CONTENTS

目　录

第 1 章

荒野西部

搞笑和诈骗项目也融到了上百万

暴富神话引发的币圈躁动

毫无用处的山寨币

早期的加密货币带来了真正的科技创新和超高的投资回报率。比特币和以太坊等最早的一批加密货币为其早期投资者带来了成千上万倍的收益，这是其他任何行业都无法企及的。

比特币作为首个加密货币，虽然经历了众多起起伏伏，但多年来其价值和应用一直在增长。在 2017 年，比特币就从最初的 1 美分一枚涨到了 1000 美元一枚。大众见证了前所未见的暴富故事，也幻想着自己能够获得同样的高额投资回报。

人类对赚快钱和暴富的渴望一向强烈。对于少部分的几千人而言，单纯投资现有的加密货币已经难以满足他们。很多人意识到发行加密货币可以暴富，没有什么困难可以阻止他们这么做。

从 2016 年开始，上线一个新的加密货币已经变得非常简单了。代码都是开源的，前人已经完成了那些艰难的工作。不仅如此，现在还可以雇用很多匿名的专家来以公司名义发行代币。这也就意味着那些想通过发行代币来圈钱的人完全不需要对加密货币有任何了解。他们只需要花点钱外包即可，正常情况下直接通过在线求职平台就可以办到。

如果只是单纯地为了发币而发币，而不是为了驱动技术创新，那就意味着可以直接抄袭他人的作品来发行代币，甚至都不需要做任何修改。不止一个项目原封不动地抄袭了其他公司的代码、内容和白皮书，只是改了个公司名字而已。

每年都有成千上万的加密货币上线，每一个都吹嘘要超越前者。比特币的诞生是经过缜密的思考和精益求精的测试的，这才使其得以成为至今市值最大的加密货币，而 2016 年后诞生的绝大部分新项目都没有任何创新和实际用途，只是吹大了泡沫而已。就连称呼它们为加密货币或数字货币都有点言过其实了。它们中的绝大部分都不能用于购买任何东西。对很多项目而言，发币并不是必要的，只是这样可以帮助它们快速募资。这个叫首次代币发行的最新流行词汇即将爆发。

科技奇迹

2017 年初，很多人开始听到关于区块链技术的讨论。区块链是一种去中心化、更安全的数据存储和发送信息、金钱的方式，自比特币诞生之日起就存在了。类似的概念在此之前就早已存在了，而直到现在才有公司开始关注这项技术。

区块链技术改变了全球很多行业的规则，提供了透明度和问责制，并且这项新技术一直在快速演进。2017 年和 2018 年是这项技术被大肆炒作的两年。它被炒作成了解决一切问题的万能药，能颠覆各行各业。已经存在了几个世纪、市值上万亿美元的行业和市场都会被瓦解。银行会瓦解，所有行业（从宗教、房地产到牙医、婚恋市场）都会迁移到区块链上。开始有人高喊口号，相信现有的行业巨头（如谷歌、亚马逊公司和 eBay）都会被区块链创业公司所取代，只因为它们使用了区块链技术。

正是在这种背景下，ICO 突破了所有人的想象，开始变得狂热。小型创业公司能够颠覆现有的行业，万事万物都可以上链，哪怕传统支付方式很好用，也要弃而转用加密货币。公众相信了这些说法，给这些项目投入了数十亿美元。这笔资金是如此之大，日后恐难再有这样的景象。

大泡沫

2017 年，已经波动剧烈的加密货币市场爆发成了一个巨大的泡沫。加密货币行业本身就因为黑客、盗窃和洗钱而臭名昭著，现在又进一步演变成了荒野西部，无数的诈骗、庞氏骗局、腐败的基础设施、搞笑的项目圈到了数十亿美元，使得整个加密货币行业的发展陷入了畸形。

ICO 加剧了这一泡沫。ICO 是一种新型的融资方式。公司通过发行代币而非股份即可融资。这对公司而言无疑是好事，它们无须稀释股权，也无须应对各种繁文缛节和监管。ICO 能够让新成立的公司在无须监管审查的情况下快速融资，也不需要事先开发出任何产品或者对任何人负责。开启 ICO 基本上不需要公司做任何事情，只需要找人建个网站，到 ICO 平台上线代币即可。

ICO 就是一场博傻游戏。一般而言，初创公司想融资非常难。高融资门槛可以淘汰掉普通的项目以降低资金损失。即使是最好的初创公司也会根据需求和经营成本来融资，维持一到两年的开销，可能也就融个几十万美元。因为他们很清楚：拿的钱越多，给出的股份就越多。

新兴市场带来的新模式

一种新的融资方式

不是所有的 ICO 都是诈骗。有些 ICO 成就了伟大的公司，推动了科技创新。2017 年 5 月，一个新的互联网浏览器 Brave 发起了 ICO，并在 30 秒内完成了募资。它共融到了 3500 万美元，并用这笔资金做了很多事情。到了 2017

年，很多项目都能募到这种级别的资金。ICO 项目如雨后春笋般崛起，可以在几分钟或几小时内就完成募资。Brave 的募资速度也不过是中等水平。在 Brave 事件一个月后，一家新的创业公司 Bancor 在 3 小时内募资了 1.53 亿美元；只是 Bancor 的价格自此之后就崩盘了，并且目前还受到了一些法律牵连。这么高额的募资额并非个例。在 2017 年 6 月到 2018 年 6 月，一家不知名的区块链公司通过 ICO 募到了 40 亿美元，至今没人清楚这笔钱被花在了何处。

那真是一段赚快钱的时期。ICO 提供了一种新的融资方式。加密货币爱好者发明这种融资方式的本意是希望项目能够不通过第三方机构来募资，最后却由一种没有恶意的融资机制演变成了这种失控的局面。与 IPO 不同，ICO 不需要任何律师来提交法律申请。事实上，很多 ICO 项目都在刻意避开监管。

想要拿到融资（不管是银行的钱、借款、亲朋好友的资助、风投或投资人的钱），只有一个好的想法是不够的，还需要一个可证明的商业案例、好的团队和强大的执行力来达成目标。简言之，你需要说服那些信任你或者专门搞风投的人，然后根据合同或者监管，努力工作来完成项目。而 ICO 规避了以上一切。ICO 类似于众筹，但不需要经过任何的检查和法律程序。通常情况下，项目是通过加密货币的方式融资的，通常是以太坊，这也是大部分项目所依赖的区块链平台。成千上万的项目选择了 ICO 融资，炒作和热钱充斥着这一领域。黑客、欺诈、夸夸其谈是其常态。

ICO 对很多人来说就是暴富的捷径。它为项目创始人们提供了与早期参与者一样高的投资回报率。一些人发起项目就是为了赚钱。曾经有个项目创始人自己持有 98% 的项目代币，这意味着他可以随意操纵市场。而投资者们却没有质疑这一点。Veritaseum 项目虽然备受争议，但热度极高，募到了 1500 万美元，随着后期交易量的增加，其市值一度达到 3.81 亿美元。之后该项目创始人就一直在接受美国证券交易委员会（Securities and Exchange Commission，SEC）和美国执法部门的调查。

正常情况下，人们都会思考其投资是否会打水漂。但是在 2017 年和 2018 年，事态的发展已经失控了。尽管负面新闻铺天盖地，还是有源源不断的资金涌入 ICO 项目。

ICO 是一种伟大的创新。它为初创公司提供了一种最简单的募资方式，为项目创始人融到了上百亿美元。从 2016 年到 2018 年，ICO 市场爆发，推动加密货币市场达到 8000 亿美元，之后便开始崩盘，6000 亿美元凭空消失，监管开始介入，创始人被逮捕，诈骗接连不断。不到两年的时间，81% 的项目被证实是骗局。92% 的项目亏光了大部分甚至全部募资金额。

新颖的雇佣方式

ICO的问题在于它的成本低廉。任何人都可以在不懂技术的前提下发行代币，甚至不需要团队提供协助。上线ICO的成本在几百到几千美元不等，区别在于找的是自由职业者还是专门的ICO营销机构。发行ICO只需要简单的几个步骤，可以外包给任何人。为了发币而发币非常简单，除了需要找一两个人外包，你可以决定代币的总量、价格，然后选择一个网站去上线项目信息，之后就等着别人打钱吧。

自由工作者网站LinkedIn上突然充斥了大量的ICO专家和临时求职者。这些人并没有什么特别的专业背景，不过就是想要组建ICO团队。很多所谓的“专家”甚至宁愿接受项目代币也不接受法币。他们妄想着代币会大暴涨。

你只需要花几十或者几百美元就可以搭建一个ICO网站，设计一个logo，写好白皮书解释项目是做什么的，解释通证经济（类似于金融和技术模式，这一点对项目很重要），创建好社交账户来推广项目。还有些ICO项目会支付5～10美元给兼职者去伪装成普通用户，制作视频或写文章来推广项目，以加快代币销售。甚至还有的项目会花钱请人把项目名称印在身体上，或者写在虚假的简介里。一切都是为了销售代币。

在理想的情况下，应该是由ICO团队来制定金融模式，写技术白皮书来描述他们的项目，最好是在网站上写这些内容。他们应该真的让人来运营项目，而不是使用虚假信息，随便盗取他人的头像。而在现实中，ICO 项目为了快速融资，倾向于选择花最小的时间和财力成本。

以圈钱为目的的人可以很快地发起 ICO 项目，他们才不在乎团队成员的信息和头像是否是真实的，更不用说这些人是否真的是行业专家了。2017 年，有个 ICO 项目在 LinkedIn 上给我发信息，问我能否担任它们的法律顾问。作为回报，它们会向我支付价值 2500 美元的代币。我告诉它们我对法律一窍不通，它们却表示无所谓，它们只是想找不同的人挂在项目网站上而已。我猜它们给很多人都发送了同样的信息，寻找那些对加密货币表现出兴趣的人。但是我拒绝了对方。还有很多的 ICO 项目采取的招聘方式更为可笑。一个亚洲的 ICO 项目冒用演员瑞恩·高斯林（Ryan Gosling）的头像，称他是“经验丰富的图片设计师”。这个团队估计不清楚瑞恩的知名度，没意识到盗用他的头像会引起注意。然而这个项目依然从 380 名投资人手上募到了 83 万美元。其他项目甚至都没有费心去使用名人或者陌生人的头像。一些 ICO 项目完全不在意什么团队成员，它们直接使用卡通人物的头像，然后随便起一些假的团队成员的名字。

加密货币衍生的各种诈骗项目

不同类型的募资诈骗

有些 ICO 项目从一开始就明显是诈骗。有些项目的名字就说明了一切。PonziCoin 就是明目张胆的诈骗项目，但也融资了 25 万美元。ScamCoin 甚至明说自己“是唯一一个毋庸置疑的 ICO 项目！我们保证让你全部的投资打水漂！”这些项目直接就在网站上警告投资者，其项目毫无价值，是个庞氏骗局，大家不要打钱，但还是有人迫不及待地给它们打钱。

有一个 ICO 项目命名为“毫无用处的以太坊代币”。这个项目是基于以太坊发行的，名字也有个以太坊，但其网站上明说了开发者不会拿融到的钱进行任何工作，而是会去买一些科技用品，如一个巨大的平板 TV。该 ICO 项目或许是第一个如此诚恳地在声明里宣称自己是“全球第一个 100% 诚实的以太坊 ICO”。开发者明确表示这个项目不会给投资人任何回报，其智能合约也是从 GitHub 上抄来的。该项目的开发者再三强调：“你在给互联网上完全不认识的人打钱，他们会随意消费这笔钱。大概是电子产品，或者是一个巨屏电视。我们郑重警告，不要买这些代币。”然而还是有人将 4 万美元砸给了这个项目。

有些 ICO 项目正好相反。它们通过起一些晦涩难懂的名字来筛选潜在的投资者。这些项目命名为真实的（Real）、富有的（Rich）或者黄金（Gold），希望投资人能够光看名字就认同其字面意思。果然有人信了，给这些项目打了钱。很多项目根本不屑于隐藏它们毫无价值的事实。

其他项目则很会包装自己。这些项目吹得天花乱坠，比如声称它们已经和 MasterCard、Visa、亚马逊、微软等公司达成了合作。也有些项目声称它们拥有庞大的非币圈用户群，比世界上最大的那些公司还要大。它们承诺要实现的科技突破是巨头们花了数十亿美元都没能实现的。有些项目声称要为全球 25 亿无法享受到银行服务的人提供相应服务。事实上，这种局面是因为为穷人提供银行服务不够划算造成的，银行没有意愿去这么做，而不是技术上实现不了。对初创企业来说，想要解决这些问题根本就是无稽之谈。但它们做出的这些荒诞的承诺却还是有人买账，源源不断地给这些项目投资了数十亿美元。

机会主义者的机会

除了少数让人为之振奋的商业和科技项目，ICO 为机会主义者们提供了良好的诈骗土壤，几乎涉及所有行业。

一个名叫 Benebit 的 ICO 项目试图掩盖其骗局的本质，凭借其健康的营销预算聚集了一个庞大的社区。这场骗局唯一的漏洞是它们缺少一个团队。它们盗用了一家英国男校网站上的照片谎称是它们的团队。当人们发现真相后，Benebit 团队成员就把照片从网站和社交媒体中删掉了，但那已经是他们携款 400 万美元逃之夭夭后的事情了。

不止一位投机者尝试用现有的品牌和公司名称来创建 ICO，并妄想不会被追究责任。Turbulent Energy 是比利时一家知名的能源公司，有一天，其关注者惊喜地发现该公司推出了 ICO 并可以投资其代币了。然而，当 Turbulent 公司的 CEO 发现此事时，却高兴不起来。在该案例中，一位俄罗斯单身女士使用了该公司的名称及其网站上的内容，并为她试图以欺诈手段出售的加密货币创建了一个新网站、Facebook 和 Twitter 账号。值得庆幸的是，这位女士只赚到了大约 1000 美元就被执法部门查处了。

并非所有的 ICO 从一开始就是骗局。有些人发起 ICO 一方面说明他们是乐观的机会主义者，另一方面又说明他们是绝望的。绝大多数 ICO 只是个人或初创公司发起的，他们自以为自己有某种商业头脑和成长潜力。在 2017 年，区块链仍是一个流行词，区块链概念股的公司估值也因之飙升。有一个与茶有关的案例——冰茶。总部位于美国的长岛冰茶公司更名为长岛区块链公司后，其股价一夜之间上涨了 289%。FBI 现在正在调查内幕交易。围绕区块链进行炒作的案例数不胜数。

相亲、家庭、沙子、酒和祈祷

很多人开始考虑有哪些行业可以与区块链结合。

例如，其中就有一些牵强附会的 ICO 相亲项目。众所周知，在线相亲应用程序根本无法保护其用户的数据。每个人几乎都可以找到他们想找的任何人，如果他们想知道对方是否在使用相亲应用程序，那么可以很容易地看到对方在线的时间和地点。与几乎所有应用程序一样，这些程序上的数据可以被利用，个人资料和信息可以被截图，并且可以根据需要跟踪用户的行踪。Bumble 是一个在年轻的技术极客中流行的相亲应用程序。只要有人登录，该应用就会显示对方是否是深度用户，与你相距多远，只要你愿意花上两分钟时间去解开程序算法。有些人可能不喜欢如此高程度泄露隐私的应用。众所周知，相亲应用和网站都不是私密的，安全性差。

鉴于此，在 2017 年和 2018 年出现了一系列区块链相亲应用程序，它们声称会保护用户的数据安全。从某种程度上讲，这种说法是真的。保存在单个中央数据库中的数据很容易被黑客入侵；因此，在某种程度上，将这些数据存储在区块链上更为安全。但它完全忽略了区块链是如何运作的。区块链上存储的信息是永久的。也就是说，它会将个人资料和相亲信息进行永久存储。这是区块链的一个重要特征，但它完全不是用户想要的。有一些技术手段可以解决区块链的这个问题，例如在链外存储信息并对其访问进行加密，但这些ICO项目基本没有考虑过这一点。而且，ICO项目依然一个接着一个地上线。

如果人们不想投资与相亲等相关的项目，家庭积分提供了一种颠覆育儿行业的方法，尽管从来没有项目解释过如何或为什么需要通过加密货币来做到这一点。沙币提供了一种购买沙子的方法。酒项目的酒代币为投资者提供了一种比信用卡或其他传统支付更复杂的买酒方式，但它们表示投资者都大可放心，它们雇用了“七个以上的人”，我们熟识在葡萄园和生产中心的所有人员，我们很快就会上传整个团队的照片。该项目清楚自己的团队成员是件好事，成员的身份证明或个人资料甚至团队照片确实有助于让人们相信团队确实存在。对于那些对酒不感兴趣的人，垃圾币向其投资者提供了“一种终极加密货币，把你钱包中的所有垃圾交换成可以在交易所交易的某种代币……现在你可以将所有垃圾放在一个地方”。投资者几乎可以在任何细分市场找到对应的ICO项目。

骗局是如何被推广的

骗局是如何被推广的

大约99%的ICO项目都有一个共同点——它们没必要使用加密货币或区块链技术，也不能提供任何价值。然而，这些项目还是设法在短时间内获得了数百亿美元。它们是怎么做到的？

在某种程度上，ICO 项目的发起人根本不需要做太多事情。它更多的是依赖于时机和炒作。一些在其他行业根本得不到投资人青睐的项目在区块链领域几分钟就能筹集数百万美元。人们将 ICO 视为赚钱的机会，在投资的时候对风险置若罔闻。大多数投资者根本就不去深入研究这些项目。即使有一些明显的风险信号，也几乎都被忽视了。人们希望投资 ICO 项目以获得赚大钱、赚快钱的机会，而不会花时间去评估风险。即使有人识别出了骗局并大声警告他人，也没有人愿意听。害怕错过暴富机会的心态让人们疯狂地投入到 ICO 项目之中。

有了热度和正确的时机，推广 ICO 很容易。推广新加密货币所需要的只是一个网站、一份白皮书、社交媒体，并花钱上一些付费 ICO 列表或评级平台。所有这些只要花一点点钱就能找到外包。随着“赏金猎人”的兴起，他们愿意接受新加密代币（而不是法币）支付，因此推广 ICO 项目通常不需要花很多钱。

赏金猎人

“找漏洞赢赏金”的概念在技术领域并不是什么新鲜事。程序员和技术人员会去审核新项目的代码并尝试攻击（多是出于好意）。当他们发现错误和缺陷时，项目通常会奖励他们。网络安全领域都认可这种做法。早期的 ICO 项目会支付代币给赏金猎人，让他们去发现安全或代码缺陷。不仅如此，ICO 项目发起人认为，认为如果技术人员可以接受毫无价值的代币，那么其他人也可以接受代币去工作。

ICO 项目开始通过发放赏金，争相以更丰厚的代币奖励来吸引最多的赏金猎人为它们工作。LinkedIn 上几乎在一夜之间出现了一个全新的职位——赏金猎人！他们大多来自发展中国家，不知疲倦地从事社交媒体工作、撰写文章、创作内容、制作视频、翻译网站和制作白皮书。而 ICO 项目发起人无须付钱给他们，只需要支付代币即可，数额可能是代币总供应量的 1%～2%，而这些代币都是凭空发行的。ICO 项目的创建者可以在启动项目时决定代币数量。在大多数情况下，这些代币确实毫无价值，只有当其中一些代币上了交易所，能交易时才会被购买或拉盘。而大多数最终都没能上所。

成千上万的人每天为这些 ICO 项目工作数小时却不是为了获得现金，而是希望能赚取代币以求升值。其中一些项目的代币确实升值了，可能有一些赏金猎人在项目崩盘前成功变现了，但大多数人从未能变现，项目在交易所上线的那一刻就崩盘了。每一个发了币并想上交易所的 ICO 项目，总有在上交易所前就跑路或崩盘的，根本没给用户交易和变现的机会。只有 8% 的 ICO 项目最终进入了交易所，这意味着

92% 的项目的代币持有者根本没有机会将他们的付出变现。他们既不能将手中的代币变现，也无法让时光倒流。总有 ICO 项目（包括一个位于迪拜的由一家英国房地产开发商冠名的 ICO 项目）不顾名声地想办法避免向赏金猎人支付全部报酬。最成功的 ICO 项目不见得其团队质量有多高，或产品有多实用；它们的成功很大程度上取决于它们能吸引多少意见领袖为其站台。

市场营销：没有最坏，只有更坏

有些 ICO 项目极度贪婪，非常擅长耍把戏，它们甚至不用支付代币就能达到目的；相反，它们让潜在的投资者来替它们做推广工作。有一个 ICO 项目让潜在的投资者尽其所能地推广该项目以换取投资其代币的特权。当代币崩盘后，投资者只能失望地意识到项目承诺无法兑现，导致他们同时损失了时间和金钱。有些人正在整理针对 ICO 项目的集体诉讼案。任何想了解这些普通投资者故事的人都可以在谷歌上搜索“GEMS ICO”并阅读 Reddit 论坛上的主题帖，这会是一段既悲伤又有趣的体验。具有讽刺意味的是，GEMS ICO 让其投资者去做所有肮脏的工作：它的目标是成为一个“去中心化的众包产业平台”，一个“外包工人执行微任务的协议”。加密货币行业的讽刺可不止于此。

其他 ICO 项目只支付名人和意见领袖的费用。不止一个名人因为没有表明他们是收费为项目宣传的而被捕或被罚款，其中许多项目被证明是骗局。弗洛伊德·梅威瑟（Floyd Mayweather）和 DJ 哈立德（DJ Khaled）因没有声明他们在 Centra Tech 中扮演的角色而被罚款，实际上，这个项目是一个庞大的骗局。约翰·迈克菲（John McAfee）是一名网络安全专家，他坐庄了很多加密货币项目。约翰·迈克菲最近因涉嫌在宣传 ICO 项目时赚了 2310 万美元而被捕。因为他在宣传项目时声称自己是客观公正的，这导致了数以千计的投资者赔钱。我们将在后面的章节中详细介绍他。

混乱的 ICO 生态系统

对不起，只能怪你运气不好

有时 ICO 项目本身并不应该被指责；有时是好的项目被骗子盯上了，冒充了它们的 URL 和社交媒体。诈骗者要么接管了项目的系统或聊天频道，要么误导投资者把币打到了错误的加密货币地址。也就是说，投资者将他们的加密货币打给了骗子，而不是真正的 ICO 项目。在加密货币领域，至少在 2018 年之前的几年里，没有“撤销交易”这项功能。如果你将加密货币发送到了错误的地址，即使你是被骗子误导了，也没办法找回来。ICO 项目本身也没有收到这笔币，因此投资者也无法拿到代币。骗子笑着跑掉了。“对不起，只能怪你运气不好”，投资人也只能听到这句安慰。加密货币就是加密货币，这是该类事件标准的处理方式。使用 ICO，你永远不知道你汇款的加密地址是否正确，或者你是否会因此得到任何回报。即使你把地址打对了，希望一个项目能给你带来投资回报，但通常的结果是你的钱没了，项目也跑路了。除非该项目特别体面并愿意为投资者退款，或者找到了其他一些解决方法，但它们没有义务这样做。你基本没有机会拿回你投在 ICO 项目中的资金。

ICO：混乱的生态系统

尽管有许多优秀的项目和参与者，有许多真正想要为加密货币和加密社区提供服务的人，但从总体上看，ICO 生态系统还是一团糟。任何人都可以利用炒作和人性的贪婪骗钱。ICO 顾问这一职位凭空出现，他们会利用 ICO 创始人的无知；而 ICO 项目再去利用投资者；最后，加密货币列表和排名网站收取费用上币。这其中有些网站是很好的，有些则不太好。机会主义者通过组织全球路演，举办私人晚宴，邀请投资者参加奢侈活动以向 ICO 项目和投资人收取费用。ICO 项目路演的唯一缺点是费钱：一些参与者实际上是投资者，也有些人假装是投资者，他们只是为了趁机宣传自己的项目或者单纯为了蹭饭而已，并没有投资意愿。这些路演会为每晚在不同的城市举办晚宴和活动而收取少量费用。

加密货币交易所的上币费高达几百万美元。交易所知道它们对于正在交易的ICO项目至关重要，并且知道项目募集到了数百万美元，因此会相应地收取高额的上币费用。交易所不仅会收取高额费用，有些交易所还会监守自盗，协同黑客攻击、关闭加密钱包以便其可以交易、牺牲用户的利益，并从币价波动中获利。因此，用户有时会因市场操纵而无法访问自己的资产，甚至永远丢失了他们的加密货币。

对于普通的融资方式，投资者在被投公司没有实现一定成就前不会释放资金，而ICO项目没有这些限制，因此其团队也不会承担责任。从一开始，项目团队就拿到了投资者所有的钱！这是ICO融资模式的一个关键因素，这意味着大多数团队没有动力去实现他们在白皮书中定下的目标。对于许多人来说，拿钱跑路要容易得多，最后，只留下了孤立无援的投资者。在传统金融领域，处于某个阶段的公司或许只能融到10万美元，而ICO项目则通常会在一夜之间募资数百万或数千万美元。

许多ICO项目的创始人只有一个一文不值的想法，却能突然筹集数百万甚至数千万美元。他们把募来的资金完全当成了自己的钱，他们可以把这些加密货币兑现成比特币或美元或其他“法定”货币而无须承担任何责任。对许多人来说，抵挡住私吞这笔钱的诱惑而去把项目落地，实在是太难了。

81%的加密货币ICO项目最终都成了或正在演变成骗

局，6% 失败，5% 归零，“只有”大约 1/3 的项目能正常起步。其他人一旦赚到钱就无法应对或会仓促地做出决定。有一个数字是非常残酷的：每天都有 900 万美元的投资沦为泡影，只有 1.9% 的 ICO 项目最终成功了。

死币

2017 年，一家名为死币（Dead Coins）的网站开始受到关注。该项目一直在悄悄关注加密货币市场，并报告一些已死的项目，即那些亏光了投资者资金并停止交易的加密货币。死币的名单一直在增加。现在已经有数千个加密货币项目曾经筹集了资金（通常是数千万美元），最终却消失了。

这些加密货币的消失要么是因为项目死了，要么是因为项目本身就是一场骗局，或被黑客攻击了，或是纯粹的山寨项目。这些死掉的项目从一开始就没有价值或使用案例，也无法为投资者赚钱或带来任何回报。在任何非币圈的行业，这些项目都不会被允许存在，会被识别出它们真相的人拒之门外。

项目崩盘或欺诈投资者的原因很广泛，包括：项目被团队放弃；创始人本身就是骗子；项目团队跑路；项目一开始就是山寨的，抄袭了其他项目的源代码和文字等；创始人挥霍资金；团队聘请了一组外包的自由职业者来替他们做事，自己却套现离场了；重新命名一个项目以继续欺骗投资者；或者它就是一个失败的项目，因为创始人挥金如土，做了一系列错误的决定，将过多的钱支付给了价格过高、可疑的 ICO 项目……我对这些原因进行了一些意释，但重点是明确的。原因列表还在更新，你可以在死币网站上免费查看，要不是这些都是可悲的真实案例，你读起来都会觉得可笑。

也有些项目是因为遭到了黑客攻击，由于缺乏基础的安全措施而损失掉了投资人的钱。加密货币是最具风险和最脆弱的行业，很容易被黑客和窃贼盯上，很多加密货币项目都忽视了网络安全方面的工作。在资金被盗时，只能责怪自己的安全防范工作做得太差了。

以上都是加密货币最繁荣时期的景象。那时候数以千计的骗局的始作俑者从世界各地的投资者那里偷走了数十亿美元，却不用承担任何后果。他们当时也没有想到执法部门会调查过去的事件，并逮捕了许多项目的创始人。

比特币双倍返还骗局

各种 ICO 项目、它们的推广者和交易所只是 2017—2018 年上演的加密货币荒野西部大戏的一部分。似乎只要涉及比特币、加密货币或区块链等字眼，很多投资者就会把常识抛诸脑后。痴心妄想、机会主义横行，导致骗局愈发猖獗。人们总愿意相信加密货币公司和产品的暴富承诺。

有一个荒谬的加密货币骗局至今依然活跃——仍在搜索引擎上打着广告，那就是比特币双倍返还活动，即把你的比特币发给它们，它们会帮你交易，并在 24 或 48 小时内返给你双倍的币。这类网站数不胜数，曾充斥着社交媒体和搜索引擎，可悲的是这种骗局现在依然很活跃。无数人把他们的比特币发送了过去，但很少有人真的能拿回比特币。这些网站和广告至今还在骗取那些幻想赚快钱的人的资金。加密货币骗子们最喜欢用的一个词是就是“合法”。他们似乎真的认为，将“合法”一词放在任何网站或任何描述上就会让人们相信这不是一个骗局。不幸的是，他们是对的，许多人确实相信骗局自称的合法的说法。试着在谷歌或 Facebook 上搜索“加倍你的比特币”或“比特币双倍返还”甚至“合法的比特币双倍返还”，看看你能搜索到多少结果。这部加密货币荒野西部大戏还远未结束。

还有一些希望

我必须再次指出，并非所有的 ICO 项目都是骗局，也有一些非常好的项目。这些项目的创始人都是诚实、勤奋的人，他们之所以将首次代币发行作为一种创新的融资方式是因为他们相信加密货币，或者因为加密货币是其商业模式固有的组成部分，或者仅仅因为这个概念是一种伟大的、独立的融资方式。上面提到的 Brave 浏览器 ICO 项目就是这样一个例子。该公司今天仍在继续发展，推出了一款现在非常成功的互联网浏览器，加密货币就是它的一个在使用的功能，并让很多投资人赚到钱了。遗憾的是，我们不得不强调，在众多骗局和倒闭的项目中，也有一些好的项目；而在一个理想的世界里，情况应该正相反。

第 2 章

加密货币跑路骗局

层出不穷的跑路项目

价值 5000 万美元的恶作剧

2018 年年初，一个新的 ICO 项目诞生了。该项目夸口要将加密货币大众化。它们表示会通过独特的、由人工智能驱动的加密货币储蓄和投资系统为大众普及加密货币。它们筹集了 5000 万美元。这可不是一个小数目。为了表示感谢，该团队直接跑路了。创始人在公司的 Twitter 上发布了一条信息，“谢谢大家！都结束了……”并附上了一张在机场的自拍，还有一张他在海滩上喝啤酒的照片。他们的网站被替换成了影视作品《南方公园》（*South Park*）中的表情包：“全没了。”这对万分痛苦的投资者来说可不是一个很有品位的恶作剧。

媒体和区块链顾问西奥·古德曼（Theo Goodman）是法兰克福一名活跃的加密货币玩家，他去了这个诈骗项目的公司地址进行查看。项目办公室空无一人，有一些显示器、比萨饼盒和随处乱扔的瓶子。这并不能证实任何事情，但这让该项目看起来确实就像是一场诈骗，而且它的团队跑路了。那些关注该项目或投资了该项目的人纷纷在 Twitter 上发言，他们想知道发生了什么。

Savedroid 是一个备受争议的 ICO 项目，其创始人在德国的主要创业中心威斯巴登租了一间办公室。他们刚筹到了钱就突然消失了。在离开办公室并在 Twitter 上发表离别声明的 24 小时内，他们关闭了项目网站和社交媒体。管理员离开了 subreddit 论坛和电报聊天组。“躲不掉的，小心没命”，投资者们在聊天频道里纷纷维权。不过这也许是骗子或机器人发布的，是对项目团队成员的警告。谁知道呢？也可能是项目团队在故意演戏呢。

Savedroid 的跑路在当时并不是什么新鲜事。跑路的项目太多了。该项目的不寻常之处在于，项目的 CEO 又回来了。亚辛·汉克尔（Yassin Hankir）说，这不是一个骗局，而是一个恶作剧，意在展示人们是多么容易被加密货币中天花乱坠的说法所迷惑，目的在于提醒大家骗局太多。他说，整个恶作剧是一个公关事件。

投资者刚开始松了一口气，希望他们投资的 5000 万美元还能找回来。但这一恶作剧很快产生了反效果。投资者对项目团队感到十分愤怒，并失去了对项目的信心。Savedroid 不是一个骗局，也许该项目只是好意提醒大家 ICO 骗局太多。但是，像大多数 ICO 一样，Savedroid 远不能实现其路线图，这对投资者来说并没什么两样。代币价格崩盘了。投资者对项目的信心消失殆尽。几个月内筹到的5000万美元也不知所踪。代币现在的价值跌了98%，而交易也几乎停止了。今天，Savedroid除了一个模板网站、一个无趣的公关噱头，以及针对它们的集体诉讼外，什么都没留下。

在随后对调查人员的采访中，Savedroid的CEO说他们在进行ICO的过程中见到了太多骗局，这让他们感到沮丧，所以他们想强调这个问题的严重性。正如我们在前一章中所看到的，2016—2018年的ICO是滋生骗局的温床，骗局有各种形式和不同的规模。但正如那句古老的格言所说，两个错误并不等于一个正确（不能靠错误的做法纠正错误的行为）。Savedroid团队假装跑路，即使是在作秀，也依然给投资者造成了5000万美元的损失，不管在形式上还是形态上都对加密货币行业没有丝毫帮助，只是增加了外界对该领域的恐惧。

对于Savedroid团队来说，这个恶作剧既拙劣又仓促。他们没有考虑到该行为的后果，并在24小时内就完成了整个事件。对投资者来说，可悲的是，其后果与真的跑路没有区别——钱没了。

携款潜逃

2019年，各种跑路项目共造成了数十亿美元的损失。在2017年和2018年，这个数字要高得多，当时正是ICO炒作得最疯狂的时候。跑路在其他行业也存在，但都没有 2017—2018 年的 ICO 泡沫那么普遍。正如我们在第 1 章中所看到的，ICO 几乎让所有人都可以很容易地为项目筹集资金，无论项目有多荒诞。由于这些项目很容易在短时间内从 ICO 投资者那里筹集资金，而无须真的投入任何时间或金钱，而且那时候加密货币并不像现在这样受到监管，对一些人来说，拿了钱就跑的诱惑太大，难以抵抗。

茄子和其他蔬菜

2018 年年初在立陶宛，一个在区块链上销售蔬菜的 ICO 项目诞生了。它们做了一些典型的 ICO 式的营销，比如去 fiverr.com 等兼职网站上支付 5 美元，让自由职业者在身上写上项目的名字，并谎称这是忠实粉丝的自发行为。BuzzFeed 的记者很快就发现了那些在身上写有“Prodeum”字样的女孩愿意为了 5 美元在自己身上写任何雇主的名字。谁会料到真相会是如此呢。

Prodeum ICO 仅仅筹集到 100 美元。好在它们没有融到太多钱。在 ICO 项目发起之后不久，它们就关闭了自己的网站，取而代之的是在空白背景上写了一句脏话。

交易所也会跑路

或许是最明显的跑路骗局

不仅 ICO 项目会跑路，从 2017 年到 2019 年，每隔一个月就有一家交易所跑路。许多加密货币交易所都是非法的，那些年很少有人会审查交易所（特别是一些小的交易所），它们都会不遗余力地保持匿名。

今天，在关于加密货币的争论中，至少有一些事情成了人们的共识，即通过一定程度的监管以防止无辜的人受骗并不是一件坏事。然而就在几年前，情况还不是这样的。

作为加密货币的底层技术，区块链的一个核心概念是去中心化。去中心化是继 ICO 之后加密货币领域的又一时髦用语。如果某样东西是去中心化的，它就会被视为更安全，无法被黑客攻击，是“更好”的。从一些用例来看，去中心化确实更好。一些加密货币交易所宣传自己是去中心化的，从许多方面来看，这样做好处多多。中心化的交易所要经过监管部门的审查，但往往要与政府分享用户的详细资料。无论是从洗钱的角度还是从道德或保护数据隐私的角度，并非每个人都希望如此。不过，虽然去中心化的交易所提供了许多有益的功能，但人们只能凭借自己的信任去使用这些欠缺安全措施或未经审查的交易所。

ICO 时代（即 2016—2018 年）的加密货币，人们多半不知道当裂缝显现、监管下沉时会产生什么影响。在 ICO 时代，一些几个月前对加密货币还一无所知的人开始谈论启动一家加密货币交易所，作为投资加密货币或启动 ICO 之外的、快速致富的另一可行选项。交易所开始遍地开花，安全程度参差不齐。加密货币交易所往往没有经过对其安全性或团队或任何东西的检查就上线了。然而，人们依然会把他们的钱充到这些新的、未经检查的、通常是匿名经营的交易所中，并希望或盲目地相信钱很安全。在加密货币社区有很多不要在交易所存储大量加密货币的警告，建议人们只把需要频繁交易的东西放在那里，将其余的资产离线存储在一个更安全的钱包里。不过，并不是每个人都听得进去。将加密货币存储在交易所意味着有更大的致富潜力。这意味着有更多的钱可以用来交易或直接投资下一个 ICO。或者对于投资 ICO 的人来说，有特定的加密货币可以随时交易，就能在它突然暴涨时随时兑现。新的加密货币交易所就这样启动了，经营者都不一定知道自己在做什么，也不一定知道这样做的法律后果，但他们终将承担后果。

事实证明，加密货币交易所是最有动力跑路的。加拿大交易所 Quadriga 明确地证实了这一点，该交易所最近被裁定为从一开始就是一个骗局。其创始人去世后，用户无法取出数亿美元的资金。许多人一直要求验尸，他们不相信创始人死了。关于这个故事，我们将在第 6 章中具体展开。与 ICO 一样，加密货币交易所甚至不需要做太多宣传。它们可以直接上线，只要有人愿意交易加密货币就会使用它们。贴牌交易所很容易弄到，现在也是如此。只需要在谷歌上搜索一下，就知道花点钱就可以让你在短时间内拥有自己的加密货币交易所，并且几乎不需要任何额外付出。

加密货币交易所可以不用承担被黑客攻击和遭遇技术困境的责任。由于这两种情况在当时非常普遍，所以人们往往很难判断交易所是否在说实话。此外，一些交易所会将其持有的加密货币集中存储在一个钱包或账户中，并记录谁拥有什么。如果每个用户的加密货币都是分开存储的，那么在黑客攻击时就会更安全。由于用户一般不会一次性提取他们所有的资金，所以如果资金慢慢泄露出去，或者如果交易所受到了黑客的多次小型攻击，那资金慢慢丢失就不会引起重视，它们可能永远也不会被发觉，直到所有的钱都被盗。这听起来很不可思议，但这差不多就是发生过的事情，我们将在日本交易所 Mt. Gox 的故事中看到这一情况。

谢谢你和对不起

韩国交易所 Pure Bit 采取了许多 ICO 项目喜欢的跑路

方式：上线加密货币交易所，发起为期数月的 ICO，筹集几百万美元，在这段时间里一切运营正常。

Pure Bit 代币募集的不完美之处在于它们在 2018 年的 ICO 中筹集了 280 万美元，但是 ICO 在 2017 年被韩国定为非法。Pure Bit 背后的团队随后将 280 万美元的加密货币发送至一个单一的加密货币钱包。这相当于将相当体量的现金储存在一个物理钱包里。这种方式可能是安全的，它取决于你选择什么样的钱包以及你将它存储在哪里。如果一个人想偷走那个钱包并携款潜逃，他能很容易地做到。随后，Pure Bit 关闭了它的新交易所和网站，移除了它在韩国信息网站 Kakao 上的所有聊天组成员，并发布了最后一条信息：谢谢你。

Pure Bit 是一个纯粹的跑路骗局。毕竟在韩国，任何 ICO 项目在推出时都会被定义为非法的，但投资者还是前赴后继。无论发生什么，他们都会陷入困境。Pure Bit 的故事还有一个转折。在关闭交易所并试图携款跑路的第二天，该交易所的 CEO 开始感到内疚。

一周后，他发布了一条信息：

> 我对项目的投资者造成了心理和经济上的负面影响。我犯了一个不可饶恕的错误，我被金钱蒙蔽了双眼。还不到一天，我就已经开始内疚了。虽然这无法与投资者所面临的困难相比，但是我也正在

经历强烈的内疚。我真诚地向所有在 ICO 中受到影响的投资者道歉。

不久之后，该交易所开始归还用户部分的加密货币。

把技术故障当作挡箭牌

可悲的是，诈骗者对加密货币生态系统及投资者感到内疚，对跑路的行为感到后悔，并退还钱款（至少是部分钱款）的情况并非常态。一些加密货币交易所以技术问题为借口，将技术故障作为提款延迟和一些人无法拿回其资金的原因。据称波兰的一家交易所 Coinroom 甚至不屑于以技术故障为借口。它们只是在某一天给用户发了条信息，说他们必须在第二天之前提取他们的资金，之后该交易所将被关闭。有一些用户把钱提出来了。如果他们未能在这一突然得知的时间节点内提取资金（考虑到用户不会一直检查邮箱通知），则将不得不给 Coinroom 发电子邮件，要求它的团队人工处理提现问题。具有讽刺意味的是，这样做完全是交易所的权利，因为它们把这一条款写进了用户协议，而用户在交易所开立账户时很可能在不知情的情况下接受了该条款。

Coinroom 的越界之处在于，它突然拒绝了回应提款的请求并完全停止了对提款的处理。它们关闭了网站，关闭了交易所，关闭了所有的社交媒体，电话也停机了。那些收到提款请求回复的客户也抱怨说只收到了部分存款。在所有人看来，交易所已经消失了。

不应被忽视的投资风险

重塑全球金融体系

PlexCoin 是一个听起来很有野心的 ICO。该公司称此 ICO 项目旨在重塑全球金融体系，却因此成了历史上最臭名昭著的 ICO 之一。PlexCoin 提出了一些令人印象深刻的主张，无论是从其规模上讲还是纯粹从其夸张程度上讲都是如此。放眼全球金融系统，没有人做到过这些成就。首先，PlexCoin 说它将发放的借记卡数量会远远超过迄今所有已知银行发行的借记卡数量。“PlexCard 将在世界任何地方被接受，无论你的国家使用的是什么货币，你的卡都能适应你所在的地理区域。这是前所未有的、充满革命性的项目。”

世界上没有任何一个金融体系能够做到使其货币适应任何地理区域。因此，长期以来我们一直面临着外汇和跨国交易费用的问题。因此，欧盟创造了欧元，此外还有美元，而不是每个国家都只有自己的货币。使货币适应每一个地理区域而不考虑该区域的货币，这一点从来就没有实现过，而且也没有明确的实现这一点的方法。不幸的是，我们生活的时代并没有这种神奇的货币。既然世界上没有任何国家或金融机构能够做到这一点，我们不清楚为什么 PlexCoin 会自认为它们能够做到，或者能够说服足够多的人相信它们。而且它们发起的是加密货币 ICO 项目，目标不是了解金融市场的人，而是专门针对那些不了解金融市场的人。

预测未来的能力和其他警示

除了一些让人难以置信的说法，PlexCoin 确实为大众敲响了警钟。问题是，与其他 ICO 一样，并不是每个人都能重视这些风险。相对于那些希望了解风险的人，不重视风险的人会把任何负面言论都当作恶意压低价格，以便更便宜地买入更多代币的利空消息。

PlexCoin 承诺将发行 Visa 卡。这些卡会由其姐妹公司发行。但 PlexCoin 没有说出这家公司的名字，这本该引起投资者的警觉。似乎没有证据表明 Visa 对这个所谓的合作伙伴有所了解，这一说法大概率跟 PlexCoin 的其他说法一样是捏造的。

PlexCoin 还承诺："它可以像传统货币一样用来支付账单。" 许多从事加密货币工作的人确实希望有一天能用加密货币支付账单。甚至有一些初创公司也在为此努力。问题是，PlexCoin 声称有可能做到这一点，却没有说明它们将如何与所有的全球能源供应商、直接借记公司和账单发行商合作，以实现这一畅想。虽然这是一个不错的想法，但是，如果没有全球的认可是不可能实现的，这几乎就是骗人的说法。

通常情况下，投资者在把自己辛苦赚来的钱投给一家公司之前都想知道这家公司是做什么的，有什么愿景。大多数加密货币公司会在白皮书中发布一份字数或多或少的技术文件，详细说明它们计划用筹集的资金做什么。现在，大多数这些白皮书被外包给了自由职业者或临时工，他们并非公司员工，也不关心公司做什么或不做什么，只要有报酬，他们就会制作出一份 ICO 模板白皮书，但这些白皮书至少会包含一些关于该项目愿景的信息。PlexCoin 显然认为这没有必要。还有一种可能是，它们认为如果白皮书在 ICO 之前发布，会被那些能够识破骗局的人揭发。PlexCoin 在 ICO 开始前几个小时才发布了白皮书。它们给出的理由简直荒诞：

> 我们想避免一个棘手的情况：某些人阅读了我们的白皮书后，可能会复制并抢先上线我们的产品。因此，我们决定让你再畅想一番。ICO 预售将在几个小时后开始。

这很荒诞。PlexCoin 提出了如此宏伟的承诺，肯定不会这么容易被复制。它们以此为借口不早点发布白皮书，说什么如果有人看到它们的想法，就可以复制它们，这一下子就自我否定了这一承诺的难度。这种表述实在令人难以置信，但它们确实这么做了。

同样令人难以置信的是，PlexCoin还借口不显示任何项目成员的信息：

> 我们知道，我们最终将不得不公示一些高管的名字。然而，我们会尽量保持谨慎直到我们所有的项目都已启动。还有，我们绝不会公开雇员和分包商的名字。这条规则对项目的安全和我们周围的人来说是至关重要的。如果我们暴露了身份，还如何保证项目的完全保密性？任何组织都可以联系我们，拜访我们，审查我们的运营！这不是我们想要的。

他们声称不打算公开团队成员的身份就是一个明显的风险信号。声称只有在保持匿名的情况下才能保证项目的保密性是很可笑的。

最可笑的是，PlexCoin还在其白皮书中对其他ICO进行了批判。这么做与一个声称要改变全球金融模式的公司到底有多大的关联性或这么做是否合适还不清楚，但PlexCoin在白皮书中指出："我们注意到一些ICO网站跟我们的网站雷同。我们甚至注意到一些公司使用了与我们相同的图片和团队成员（我们不会说出它们的名字）。我们还注意到一些完全伪造的、误导性的人物图片。"这简直就是贼喊捉贼！太讽刺了。

PlexCoin 吹嘘其能预测未来。PlexCoin 自称能精准预测代币在未来几年内的价值。PlexCoin 是以每枚代币 13 美分的价格卖给其第一批 ICO 投资者的。一个常见的营销技巧是这样的：告诉人们，如果你现在不买，价格很快会上涨。有些人马上就会买。这就是 PlexCoin 的做法。它们声称其代币的初始价值为 0.26 美元，现在购买的人将有半价优惠，且价格很快就会上涨。如果所有的代币都在预售中售出，代币的价值将暴涨到 1.76 美元。它们说，“如果是这样”，代币持有人的购买价格“将在 29 天或更短的时间内乘以 1354%”。它们在宣传材料中写道，到 2018 年底，PlexCoin 将以 14.27 美元的价格出售。这太疯狂了。根本没有办法提前对一个全新的、未知的股票或货币进行估值，更不能保证它的最终价值。然而，PlexCoin 信誓旦旦地告诉潜在投资者，代币会一直涨。这些说法不仅应当引起警惕，发布这种价格预测也是非法的。没有什么东西会一直涨。PlexCoin 的预测结果并不准确，它们的代币现在一文不值，已经停止了交易。

尽管有这些相当明显的风险，PlexCoin 仍然筹集了 1500 万美元，而它们希望筹集的额度为 2.495 亿美元。美国证券交易委员会很快就发现 PlexCoin 是个骗局。在被判处两个月的监禁和 10 万美元的罚款后，创始人（一对夫妇）仍然无法或没有足够的动力向执法部门提供诈骗细节。除了这对夫妇和一些外包自由职业者，团队中是否还有其他人也不得而知。

PlexCoin 不是一个典型的跑路骗局。它们没有跑路，而是执法部门先找到了它们。也许跑路是它们的计划之内的事情。其创始人被指控“定期从 PlexCoin 的 ICO 里转移投资者资金……用于日常生活开支和家庭装修产品”。这些资产至今还被执法部门冻结着；许多投资者已经失去了找回资金的希望。

拿投资人的钱去购物

对投资者而言，很不幸的是 ICO 的创始人经常会为了个人利益而抽走部分甚至全部投资者的资金，而且他们不会因此被重罚；罚款往往远少于他们抽走的资金；而且在某些情况下，一旦结案，就不再有进一步的惩罚措施。

一个叫作 Shopin 的 ICO 项目声称将建立一个个性化的购物平台，购物者会有个性化的购物资料，一切都将在区块链上实现。该项目谎称有很多合作伙伴。尽管如此，它仍然筹集了 4200 万美元；它的融资从一开始就以谎言和对投资者的欺骗为基础。据称，项目创始人带了一大笔收益去购物。他在房租、购物、娱乐开支和约会服务上至少花费了 50 万美元。该平台却从未建成，而创始人至少从中得到了一些好的约会。他因此被罚款 45 万美元，至少比他消费的钱少了 5 万美元。

玩弄他人的希望

迄今为止，最大的加密货币跑路事件来自一家名为现代科技（Modern Tech）的越南公司。它们的 ICO 从 3.2 万人那里募集到了 6.6 亿美元。所有的加密货币交易行为在越南都是非法的，因此大多数投资者的投资也都是违法的。但该公司的第一个 ICO PinCoin 却激发了人性的贪婪。尽管现代科技公司非法募集的金额是如此巨大，其套路却并不复杂。

和其他骗局一样，维卡币、Bitconnect 和 PlusToken 都承诺或保证了高回报来吸引那些希望改善生活的人，这是一种常见的、可以理解的人类欲望，却导致一些人忽视了风险。PinCoin 承诺的每月回报率为 48%。该 ICO 有一个好看的网站，但上面除了一些流行语和振奋人心的花言巧语外，并没有任何实质性内容。

从许多方面都能看出来该公司的 ICO 项目从一开始就是一个骗局，但该公司的目标是吸引那些财务意识不强的人、那些看不出圈套的人。在第一次 ICO 之后不久，该公司又推出了第二个 ICO 项目 Ifan，为名人和粉丝之间提供一种支付方式。它们说会邀请越南歌手加入网络。投资者被告知，一旦该平台投入使用，这两种新货币的价值将飞速上升。当然，这只是每一个 ICO 骗局的标准说辞，而这并没有发生。

PinCoin 最初向其投资者支付了它们承诺的回报。然后它们突然改用Ifan代币支付给投资者。最后竟然停止了支付，并消失了。七名越南国民逃离了该国，这被认为是现代最大的一起加密货币跑路骗局。

加密货币跑路骗局的问题在于它们很容易实现。我们已经介绍了加密货币世界中一些疯狂的部分。接下来是一些最大和最臭名昭著的加密货币骗局。首先是BBC播客系列所讲述的“加密女王”事件。

第 3 章

维卡币

消失的加密女王

与比特币同时兴起的“加密货币”

开端

比特币是一种新的货币。2008 年金融危机后，银行和政府不断失去民众的信任。与政府发行的货币不同，比特币依赖于算法，不能被操纵。我们在全球范围内看到这样一个趋势：政府的行为越糟糕，越是把自己的经济引向绝路和越高的通货膨胀水平，人们就越信任比特币。

比特币在 2009 年的价值还不到 1 美分。在 2014 年初其价值达到了当时的峰值——每枚 800 多美元。那时，人们已经开始注意到比特币，并也想从加密货币财富中分一杯羹。

那一年，一种新的加密货币开始兴风作浪，那就是维卡币。其创始人说了很多大话，比如维卡币将成为最大的加密货币，将成为“比特币杀手”，并承诺将做一些前所未闻的事情。它将成为一种新的全球货币，使货币民主化，将银行业务带给那些没有银行账户的人，改变金融市场，并造富投资者。维卡币为投资者承诺了难以置信的巨大回报，而且为其推广者提供了更慷慨的报酬。

维卡币的创始人鲁娅博士是一个有说服力的、果断的人。她曾是一位自信的演讲者和优秀的销售人员。她在世界各地的舞台上给人们讲他们想听的东西。她讲述了银行系统是如何腐朽且腐败的，银行和政府是如何对待人民的，世界上数十亿最贫穷的人是如何享受不到服务的，以及她的新加密货币将如何解决这个问题，并将使其投资者变得富有。

结局

维卡币做得很好。好得看起来不像真的。不幸的是，对其数百万投资人来说，他们累计投资了难以量化但估计为 40 亿至 150 亿美元的资金。

英国广播公司（BBC）对这个聪明且复杂的庞氏骗局进行了长达一年的调查。《消失的加密女王》系列播客节目大受欢迎。他们发现，维卡币除了剽窃的教育性 PDF 文件外，没有提供任何价值。这些 PDF 文件被打包出售，每份价格高达 25 万欧元以上。与其他加密货币不同的是，它不能兑换或交易为比特币或任何其他货币。简言之，维卡币从来不是一种加密货币，而只是一组凭空捏造的数字，任由其领导团队在电子表格上随意更改，旨在欺骗投资者并给其带来虚假的希望，创始人还不怀好意地称投资者为“白痴”。

执法部门最终识破了这一骗局，而鲁娅此后一直被联邦调查局追捕。据估计，她名下至少有 5 亿美元资产，而且她喜欢做整形手术，隐藏起来似乎很容易。该案中还有几十亿美元的资金至今下落不明。在一个戏剧性的转折中，鲁娅的情人变成了联邦调查局的线人，而她在情人的公寓里钻了一个洞以监视他的忠诚度，并就此失踪了。似乎在这件事被公开之前，她就发现自己被通缉了，那是 2017 年的事。

此后，鲁娅就再也没有出现过，并引发了一场国际追捕行动，经过多年的庭审，许多人面临终身监禁，给数百万受害者造成了巨大的痛苦和经济损失。时至今日，依然没有人知道鲁娅身上发生了什么，失踪的数十亿资金在哪里，以及参与了这场被《泰晤士报》（*The Times*）描述为“史上最大骗局”的相关人士是如何躲过法律制裁的。

维卡币的推销策略

消失的加密女王

维卡币是以其创始人为中心的。鲁娅喜欢向外界展示她很有钱。她去任何地方都要穿上丝绸长袍，佩戴巨大的钻石，涂抹红色唇膏。她希望所有人都注意到自己是女王。值得注意的是，鲁娅很聪明。她有一个法学博士学位，并曾在

《经济学人》（*The Economist*）会议上发言，还上过《福布斯》（*Forbes*）的封面。人们为她感到骄傲，因为她有伟大的想法；因为她正在付出行动把梦想变成现实；因为她是一位女性领导人；因为她给全世界的人带来了希望和目标。不知怎的，她就获得了“加密女王”的称号，而且她深知如何充分利用这个称号。

中间：卖卖卖，发财发财发财

比特币是史上第一个也是市值最大的加密货币，它从许多方面改变了世界发送和感知金钱的方式。在欢呼雀跃、座无虚席的温布利体育馆（Wembley Arena），鲁娅博士称维卡币为“比特币杀手”。她对尖叫的粉丝喊道：“两年后，没有人会再谈论比特币了！维卡币将实现投资者的梦想。”

人们很容易接受这一卖点。他们想进入这个新的、快速发展的加密世界，但购买比特币和其他加密货币是一件很复杂的事。在现实生活中，有很多人会将比特币发送到错误的地址，或将比特币存储在电脑上后弄丢了电脑（或不小心把电脑扔了）导致丢币，但他们仍然看到早期投资者赚了很多钱，并希望自己也能获得财富。他们希望不费吹灰之力就能致富，而这正是维卡币所承诺的。

鲁娅告诉会员们，去邀请朋友、家人和商业伙伴来投资并分享维卡币将带来的财富。人们把认识的所有人都介绍过来。许多人把毕生积蓄都交给了鲁娅。他们卖掉了房子、汽车和牲畜，抵押房子，刷爆信用卡，借来他们负担不起而且可能永远无法偿还的贷款，只为了尽可能地购买更多的维卡币。

关于维卡币的消息像野火一样传播开来，这场运动似乎不可阻挡。消息传播得越广，追随者就越多，鲁娅也变得更加自信，她清楚地表明了一点：维卡币要成为家喻户晓的名字。

维卡币迅速吸引了大量追随者。该公司及其附属机构不分昼夜地在世界各地的大酒店举行网络研讨会和招聘会。在这些活动中，维卡币的会员充满激情地讲述他们的生活是如何改变的，向世界展示这是一个伟大的家庭，并赞扬鲁娅。任何有质疑精神的人都看得出这是经过精心排练的，是一种推销手段，但还是有成千上万的人们涌向这些活动现场。有些人甚至不知道他们去那里是为了什么，他们是被朋友和家人带去的。演讲者推销的是梦想。

他们带来的钱越多，维卡币的招募者就越肆无忌惮。正如英国《每日镜报》（*Daily Mirror*）在参加一个研讨会时发现的那样，招聘人员告诉听众，他们会“发大财”，听众也就相信了。

很快，维卡币就在世界各地开设了办事处。对其追随者来说，这是一个激动人心的时刻。他们觉得自己加入了一个正在起飞的事业，并相信维卡币将真正改变世界，他们都将成为百万或亿万富翁。

不要相信谷歌

维卡币善于利用其追随者的情感需求。该公司宣称它们提供的不仅仅是一个有保障的快速致富产品，更是一个家庭、一个共同体。成员们都有一个手势：一个圆圈和一个他们集会时的手势。不管信徒们怎么说，维卡币都是一个邪教，而鲁娅就是它的领袖。

投资者们被告知，"我们在对抗整个世界"。维卡币背后的母公司 OneLife 告诉其追随者，任何反对它的人都是"仇恨者"，他们只是嫉妒或不理解，或者是政府的宣传麻痹了他们，试图关停它们。追随者甚至被告知不要相信谷歌！这是典型的邪教和阴谋论的做法。任何质疑过多的人都会被欺负并被踢出去。就这么简单。

该公司成功地利用了人们希望改善自己处境的心态。这就是为什么人们会忽视一些明显的风险，而宁愿相信会暴富。刚开始会有一些问题，但人们会认为本该如此。

无处可逃

加密货币最基本却关键的需求之一是它要能够兑换现实世界的货币。离开这一点，它就没有价值。而人们购买维卡币的唯一前提是维卡币会升值，然后能兑换为法币。然而，维卡币是唯一没有在任何其他加密货币交易所上市的加密货币；人们没有办法把它兑换成比特币或法币。对此，维卡币从未给出任何理由。真正的原因需要几年后才能揭晓。

事实上，OneLife 正在建立自己的交易所 xcoinx。在这个平台上，投资者可以将他们的维卡币兑现为真实的货币。当维卡币推出时，交易所还没有上线，但 OneLife 总是说它们正在努力。它们借口多样，总是说就快上线了。但当交易所最终启动时，几乎立刻就可以看出有什么问题。用欧元换取维卡币很容易，但 OneLife 似乎不太愿意回购维卡币而把欧元还给人们。从 2016 年初开始，维卡币就几乎拒绝了所有的提款请求，只有极少数的提款请求能通过。大多数人都无法兑现他们的钱。考虑到该公司的发展目标和理论上他们应该有的资金储备，投资人本应该感到担忧的。很快，该交易所就完全关闭了。

巨大的风险提示

在其交易所关闭后，OneLife 大张旗鼓地宣传它们将建成全球最大的可使用加密货币支付的商品交易平台。这个平台叫作 DealShaker，将是唯一一个可以用维卡币购买商品的全球市场。这话不假，DealShaker 是全球唯一上线了维卡币的平台，主要是因为没有其他网站接受维卡币作为支付手段。正如想办法兑现维卡币是其生态系统的核心一样，需要有一个方法让人们花掉他们的维卡币，使其有实际价值。

2016 年，伦敦一个名叫邓肯 · 阿瑟（Duncan Arthur）的人在一家大型美国银行从事技术工作。他有一份好工作，但正如他在英国广播公司《消失的加密女王》这档系列播客节目中所说的，他很痛苦。他形容自己每天就是坐在电话旁，等着电话响。他想离开，而且很绝望。电话响了，一位招聘顾问为他提供了一份工作。邓肯 · 阿瑟不顾一切地接受了它，无论是否有风险。这份工作是为当时的加密货币创业公司维卡币建立 DealShaker 平台。

邓肯 · 阿瑟从离开他的那份工作开始就后悔了。他现在认为这是一个骗局，他比任何人都更了解这个平台的内部运作情况。邓肯对 BBC 说，DealShaker 就是一个在线跳蚤市场，上面全都是垃圾商品。该平台上的用户数量也明显是捏造的；该网站声称在任何时候都有 59.3 万至 59.5 万人的活跃用户。邓肯称这是一个不可信的统计数字，跟平台本身的价值一样是虚构的。

在一个亚马逊、阿里巴巴和 eBay 为王的世界里，商家在上架它们的商品时是可以选择的，它们可以很容易地在任何其他网站上架产品并出售为现实世界的法币。任何新的在线市场要想吸引商家上架其商品，就必须价格便宜，操作简单。DealShaker 则两者都不是。所以，并没有商人排队加入这个平台。

维卡币的分支机构基本上对在线销售一无所知。它们不久就被告知，如果想在该平台上有任何利润，就必须去寻找商户。这基本上意味着没有人会主动加入这一平台。这就像商场告诉潜在的消费者，如果他们想在那里购物，就要去找愿意支付高价租金的商家。要想上线，商家必须接受至少50% 的维卡币付款。除此之外，OneLife 还将抽成 50%，这很难让在该平台上线成为企业的一个可选项。

它们宣称对平台有信心，并且维卡币会升值；但有意思的是，OneLife 对在其平台上出售的产品和促销 T 恤衫要求收取 50% 的欧元而不是维卡币。DealShaker 不久就崩盘了，就像 xcoinx 交易所一样糟糕。

令人难以置信的经济学

OneLife 团队面临着一个明显而紧迫的问题，似乎许多热心的投资者在兴奋之余都忽略了这个问题。维卡币相对于欧元的价值上升得越多，如果有人想将其兑换为法币，OneLife 就需要拿出越多的储备来兑现这些钱。实际上，维卡币只有在投资人要求将其兑现为欧元时能随时兑换，它才具有现实价值。OneLife 如何拥有价值数十亿欧元的现金储备来为维卡币背书，这一点从来没有说清楚。经济学家会问，既然维卡币实际上不能被兑换成欧元或任何其他货币，那么维卡币到底又有什么现实价值呢？但人们并不担心他们不能直接使用或将维卡币兑现到银行账户；他们能在屏幕上看到账户的欧元价值，而且这个数值还在不断上升。

尽管有如此多的风险和阻碍，世界各地的人们还是前赴后继地向维卡币投入资金。他们被告知 DealShaker 将成为世界上最大的加密货币市场，但投资者主要是希望该币的价值能继续飙升。维卡币一直在流通。在两年内，它已经蔓延到全球各地。到 2017 年，维卡币在全球有 300 万会员。维卡币的发展和传播速度越来越快。

一个有如此多纰漏的项目是如何传播得如此之快，并发展到这般失控的地步的？或者说，这些风险还不够明显吗？

传销团队的加入

美梦成真

在荷兰最负盛名的社区之一纳顿（Naarden），到处都是百万富翁和豪华庄园。这里有一栋特殊的豪宅隐藏在俗气的黑色和红色大门后，房子的名字“美梦成真”醒目地印在金属上。上面有一个大的红色金属标志，装饰有龙的图案和字母 I 和 A——主人的标志。

业主说，这所房子是梦想之家。一个叫伊戈尔·阿尔伯茨（Igor Alberts）的年轻人（也就是这栋房子现在的主人），曾经一贫如洗，他经常路过这栋房子。当时，这所房子里住着荷兰最富有的人。伊戈尔说，有一天，他也会有一栋这样的房子。伊戈尔·阿尔伯茨有了自己的想法。他为自己的未来做了一个愿景图。其中最重要的部分是一张意大利女演员莫妮卡·贝鲁奇（Monica Bellucci）的照片——那是他未来妻子的样子。在一次去往意大利的旅行中，那时伊戈尔已经有了 10 个孩子，他遇到了一位年轻的意大利女士安德里亚（Andrea），看起来与他的梦中情人很相似。伊戈尔很快说服安德里亚嫁给他，这对夫妇现在和他们的两个孩子一起生活在这栋豪宅里。

英国广播公司的杰米·巴特利特和他的工作人员拜访了伊戈尔。这座房子很大。它可能不符合所有人的审美，但很明显，这豪宅很费钱。黑色的豪车停满了整个车道。花园里有实物大小的玻璃纤维动物园。如果说有什么能与他们的房子相提并论的话，那就是伊戈尔和安德里亚的服装收藏。伊戈尔吹嘘说，仅安德里亚的衣服就投了一百万欧元的保险。每件衣服都是设计师专门设计的，而且是配套的。有兴趣的人可以查看伊戈尔和安德里亚的 Instagram@igoralberts。

这笔钱并不是靠加密货币专家的身份赚的。在过去的 31 年里，伊戈尔一直在从事多层级传销（Multi-level marketing，MLM）工作。他告诉 BBC，在这段时间里，他赚了 1 亿美元的利润。

金钱金字塔

在美国和英国等世界上一些其他国家，多层级传销是一种合法的营销结构形式，前提是有真正的产品出售。MLM是以金字塔式的联盟支付结构进行运作的。首先进入的人在金字塔的顶端，从购买他们产品的人手里赚取丰厚的抽成。只要他们的新成员销售了产品，顶端的人就会从他们的交易中获得一定比例的收入。这种情况一直持续到金字塔下面，金字塔通常有很多层。

如果你能及早进入多层级传销，并且表现出色，你就能变得富可敌国。正如伊戈尔这样的人所证明的那样，多层级传销的利润可以很惊人。有经验的网络营销人员，如果能及早进入并处于金字塔的顶端，总是能找到一些人愿意从他们那里购买产品。越往下走，就有越多的人试图向同一个社区的人销售同样的产品，而且其中许多人已经接触过了同一种产品。绝大多数人——那些后来加入的人——如果没有建立起庞大的下线网络，就会陷入困境，几乎肯定会亏钱。他们仍然需要支付同样的产品或联盟费用，以获得推广产品的权利，但许多人甚至永远赚不回这笔钱。多层级传销的奖励结构被用来销售从维生素到课程等所有东西，不止一个通过多层级传销销售的昂贵营养素被发现只是水而已。最近，多层级传销又开始流行起来，用来传播加密货币骗局的发展。对于多层级传销，你永远要保持警惕。

伊戈尔·阿尔伯茨知道如何在多层级传销中找到最新的、最有利可图的机会。有经验的多层级传销者知道要尽早入场，抓住每一个机会，当他们赚了足够多的钱，或者觉察到项目即将崩溃或会将被揭露为一个骗局时，就会退出。世界上有许多人以此为业，他们已经建立了整套的传销网络，并通过网络中的人进行销售。他们熟知所有的技巧和窍门，以及如何将各种类型的产品卖给各种类型的人。因此，这些团队会不断更换销售的产品。有些人诚实，有些人则不那么诚实，不在乎自己干的是什么，但会利用他们现有的网络和积累的销售技巧，从每个最新的机会中获利。

塞巴斯蒂安·格林伍德（Sebastian Greenwood）是维卡币的联合创始人之一，现在在美国监狱里等待对他的欺诈指控。他通过多层级传销建立了自己的事业，深知该系统是如何运作的。他有一个下线的传销人员，知道如何让一个新的多层级传销概念落地。当鲁娅遇到塞巴斯蒂安时，加密货币正在蓬勃发展，而鲁娅作为项目领头羊立即看到了多层级传销的力量。如果做得好可以激发疯狂的炒作和恐慌性买入。她认为这就是引发其加密货币病毒式传播的关键所在。

鲁娅意识到，使维卡币传播到地球每个角落的最佳方式是拥有多层级传销团队，通过有经验的销售人员和良好的销售渠道，向全世界销售能让她赚钱的产品。她要做的就是使产品容易销售，并以丰厚的佣金吸引世界上最好和最积极的网络营销团队专门为她销售维卡币。她认为，这可能会引发一种病毒式传播。事实也确实如此。

鲁娅博士很清楚自己在做什么。在联邦调查局后来获得的电子邮件中，她将维卡币描述为“华尔街人遇上了传销”。鲁娅需要的仅仅是一支多层级传销团队。

伊戈尔·阿尔伯茨是世界上顶级的多层级传营销人员。31 年的传销经验让他组建了一支汇集全球上万优秀营销人员的下线传销团队。这个巨大的全球性团队会迅速抓住最新的机会，发展销售下线和联盟网站，用他们完美的推销方式举办活动和促销，发展社区并适时退出。巧的是，当维卡币推出时，伊戈尔·阿尔伯茨正好在寻找他的下一个机会。

诱人的金钱

伊戈尔对鲁娅印象深刻，说她看起来像个女王。她很自信，而且有着让他钦佩的学术背景。而维卡币的销售潜力也很明显。他闻到了金钱的味道，并被说服了。伊戈尔召集了他所有的团队，把他们直接带过来销售维卡币。

在多层级传销领域，有些图表列出了不同传销产品中个人收入最多的人。在伊戈尔和他的团队开始销售维卡币后，全球排名前 10 的收入者中有 7 位来自 OneLife。

伊戈尔声称，OneLife 在第一年通过销售其网络传销套餐所诞生的百万富翁数量比当时最大的多层级传销公司安利过去 75 年诞生的数量还多。

伊戈尔和安德里亚·阿尔伯茨知道如何赚钱，并不遗余力地推广维卡币。正如他们告诉 BBC 的那样，在他们加入维卡币的第一个月："我们白手起家，第一个月就赚了将近 9 万欧元！"之后，他们在一个月内赚了 12 万欧元；短短几个月的工夫，他们每个月都能赚 100 万欧元的利润。

OneLife 创造了一系列的名字和头衔，并把这些名字和头衔给了销售人员，作为对他们所带来的收入的赞美和认可。它们用排行榜进一步激励销售人员去带动更多的销售。排名第一的是伊戈尔·阿尔伯茨，他拥有"皇冠钻石"头衔。这个最高头衔需要每个月创造 800 万欧元销售额。当他们退出时，他们每月仍能赚取 240 万欧元。

维卡币之所以传播得如此之远、如此之快，是因为它吸引了众多专业的销售人员，并搭建起了多层级传销网络。他们不了解加密货币，但他们知道如何能勾起人们的兴趣和购买欲。他们是经验丰富的演讲者，习惯在人群中讲话，调动气氛，其实人们不会问任何关于产品的问题。通常来说，只要能赚钱，他们会出售任何东西。维卡币就这样从世界各地的人身上赚取了数十亿美元，包括许多世界上最贫穷的人。

对金钱充满信仰

不仅是专业的多层级传销人员在用维卡币罪恶地赚人们的血汗钱。在世界各地，维卡币的投资者也被激励去发展新成员，这样一来，他们将获得本金的 10% 或更多利润，以及他们的新成员所带来资金的 25%，收益一直持续到第四级，这是一个漂亮的小金字塔结构，是负责人炮制的。这些会员收入的 40% 将会强制以维卡币的形式支付给他们。

在理想情况下，成员的提款请求应由维卡币的银行存款来支付，或用那些联盟成员带来或投资的钱支付。然而，在庞氏骗局中，所有的支出都来自新成员。到了 2017 年 1 月，各地分支机构的提款请求比新进来的钱还要多。只有一个办法可以解决这个问题。为了让用户从维卡币套现而建立的 xcoinx 交易所必须关闭了。分支机构或维卡币持有者希望能将这些收入兑换为现实世界的货币，而这些希望在 2017 年年初被粉碎了。xcoinx 交易所被永久关闭，不再开放，也就没有办法将维卡币兑现。但这一消息传得很慢。人们仍然对变现有信心，而且不是每个人都想兑现；所以，过了一段时间，人们才意识到出问题了。人们还在继续推广维卡币，希望赚取下线的提成；此外，毕竟还有 60% 的钱是用法币支付的。

并非每个人都有庞大的多层级传销下线，但有些维卡币的推广者有事先建立的社区，社区成员会本能地信任这些人。世界各地的宗教领袖，或无意识或出于个人贪婪，开始向追随者们推广维卡币，或请维卡币推销员来教堂做介绍，并从每项投资中抽成。有些人被骗了，还在想着他们是在为社区做善事。不止一个非洲的宗教领袖突然开始开着豪华的汽车去教堂，靠的就是他们通过维卡币赚取的利益。对社区成员损失的毕生积蓄，他们只会幸灾乐祸。

五十度灰

在多层级传销这个大型的、略带地下性质的组织中，如果有真正的产品可以销售，那就叫网络营销。如果没有，就意味着利润不是来自任何产品的销售，而是来自下一批投资者。那么这个项目就是一个庞氏骗局。庞氏骗局是非法的，而 MLM 计划和庞氏骗局之间的区别是个灰色地带。两种模式通常是一样的：通过误导性承诺和夸大其词进行强制性推销。

维卡币对所销售的特定产品进行了一些调整以使其看起来像是合法销售。

与其他网络营销计划不同的是，营销计划团队是在试图销售产品，而维卡币的产品则是能生钱的代币。这将是世界上最容易销售的东西。不幸的是，维卡币并不完全算是一种产品。如果当局在早期把维卡币归为庞氏骗局，可能会早一点阻止骗局继续发展。但 OneLife 的人知道如何绕过这个问题。

教育：剽窃的 PDF 和其他魔幻的经济学

OneLife 需要一种它们可以销售的产品，使传销计划看起来合法。由于它们不能推广只包含加密代币的套餐，它们不得不变得更有创意。所以它们决定将自己包装成一家教育公司。

OneLife 出售包含教育课程的套餐。它们的销售人员一般不会真去谈论教育，许多买入维卡币的人也根本不会提起它。许多人似乎甚至不知道他们买的是什么。

教育套餐为维卡币提供了掩护，起始套餐为 100 欧元，最贵的套餐则高达 22.8 万欧元。似乎很难证明维卡币出版的数字 PDF 文件有这么高的价值。特别是 BBC 在调查中很快发现，它们的教育内容几乎一字不差地抄袭了埃里克·泰森（Eric Tyson）所著的《达人迷个人理财》（*Personal Finance For Dummies*）一书。

与其他加密货币不同，你无法在交易所购买维卡币。要获得这一代币，你必须购买它们的教育套餐。据说这样会挖掘或创造出更多的维卡币。潜在的投资者被告知，这些套餐会给他们带来很多代币，还会升值。投资者相信只要购买其中一个套餐，就可以成为亿万富翁。许多投资者很快成了“亿万富翁”，至少从维卡币网站提供的数字来看是这样的。虽然他们无法花费或使用这些钱，但在他们看来，这并不重要，因为这些钱一直在上涨，且没有崩盘的迹象。

2016 年 7 月，一个鲁娅宣传维卡币套餐的罕见视频被公之于众。这个新套餐（即终极套餐）的价格为 11.8 万欧元。这可不是一个小数目。除了这个套餐附带的几张抄袭教育的电子表外，买家将获得 131.1 万枚代币，可用来生成 200 万枚维卡币，每枚维卡币的市值为 7 欧元。原始的维卡币视频已经被 YouTube 删除，但任何对这个视频有兴趣的人，只要稍微搜索一下或访问参考文献中的链接，仍然可以看到这个视频和其他视频。关注加密货币的人都知道，像自动挖矿这种东西从技术上讲纯粹是胡扯，对于维卡币所描述的加密货币而言，基本上是不可能的。投入 11.8 万欧元，用几个月的时间将这些代币挖出来，短短几个月后，你就将有 1400 万欧元。这的确是让人难以拒绝的高回报。

实际上，维卡币的许诺纯属天方夜谭，它让世界上最好的网络营销专家相信他们的使命，相信它会超越比特币。

一切都是纸面财富

地球上最富有的人

伊戈尔沉迷于他在维卡币屏幕上的不断增长的数字。正如他在节目中告诉杰米的那样：“我做了计算，我们需要多少枚代币才能成为地球上最富有的人……我对安德里亚说：'我们需要将代币数量扩大到 1 亿枚，因为当这个代币涨到 100 欧元一枚时，我们的财富就会超越比尔·盖茨。'这是数学问题。就这么简单。”伊戈尔和安德里亚认为他们将通过维卡币成为地球上最富有的人。并不是只有伊戈尔和他的妻子在计算他们新得到的财富。其他的维卡币分支组织（甚至算不上最成功的那些组织），从很早就开始推广维卡币，看到它们的代币价值超过了 10 亿欧元。这让普通人相信，他们已经成了亿万富翁！

不幸的是，对那些充满希望的投资者来说，数字并没有完全累积起来。

区块链爱好者兼一家加密货币 ATM 公司的创始人蒂姆·泰顺·库里（Tim Tayshun Curry），一直在暗中观察维卡币，等待着他意料中的崩盘，并尽力在人们投资和破产前警告他们。蒂姆做了一些计算。根据 OneLife 提供的数字，每分钟有 5 万枚新的维卡币通过“挖矿”被挖出。按照当时的兑换比率，每枚维卡币大约值 30 欧元，这意味着每分钟有 150 万欧元被创造出来，或者说每天有 21.5 亿欧元被 OneLife 凭空创造出来。此时，已经有 700 亿枚维卡币被创造出来，而且每分钟都有更多挖矿产出。这使得维卡币的流通价值超过了地球上流通的所有美元的价值。这显然是不可能的，毫无合理性。似乎没有人注意到这一点，也没有人对此感到困扰。很多人看着屏幕上不断上涨的数字，社交媒体上成千上万的评论，从没有想过质疑。

恶性通货膨胀

基于区块链的加密货币有一个好处是，代币的数量无法被操纵。代币的数量和通货膨胀率在其创建时就被写入了代码。

在后面的章节中，我们可以看到加密货币市场可以被严重操纵。但至少在理论上，区块链为货币的创造和交易提供了更高的透明度，并可以防止中心化实体更改代币供应。这在一定程度上给维卡币的投资者吃了定心丸，鲁娅曾向他们保证，维卡币是建立在最具创新性的区块链技术上的最大和最好的加密货币。

在正常情况下，如果一种货币的数量在一夜之间从 21 亿枚骤然增加到 1200 亿枚，将被视为恶性通货膨胀。超过个位数的通货膨胀率在全球范围内都被认为是高的。而如果一个货币突然通货膨胀 5714%，从任何定义上看都是极端的。一般来说，增加一种货币的供应量会使其价值下降。这对世界上的任何国家和任何货币来说都是如此。然而，当 OneLife 突然决定将维卡币的代币供应量增加到这一数量时，投资者大多没有恐慌；他们被保证其代币被存储并记录在区块链上，这意味着代币在某种程度上是安全的。鲁娅博士告诉投资者，代币增加（恶性通货膨胀）将使单枚维卡币的价格更有价值，而不是贬值。维卡币又一次冠冕堂皇地重塑了基本经济学规则。

鲁娅大肆宣扬，如果维卡币代币数量更多，就会有更多的人知道维卡币，就能扩大和强化品牌影响力。人们不清楚这如何说得通，或者这怎么可能，但人们相信她。为了对代币供应量增加一事进行弥补，鲁娅将投资者持有的代币数量翻了一番。投资者手上的代币一个变俩。他们没有去看现实情况，即他们的代币实际上发生了巨幅贬值，留给投资者的相对价值比他们买入时少了 96.66%。而他们还在鼓掌欢呼，赞扬他们的领导人。一切都很好，因为一切都被安全地记录在区块链上。

消失的加密货币

比约恩·比约克（Bjorn Bjorke）是一名技术专家，经营着自己的 IT 公司，2013 年，他因女儿的出生而休了育儿假。比约恩抽时间和我进行了一次会话。他听说过比特币，并在那一年花了大量时间尝试破解它。然后，他又在 2014 年用了大部分时间尝试破解它。到最后，他意识到他无法攻破比特币。现在，比约恩已经迷上了它，开始专注于开发区块链技术的工作，很快就成了该领域的专家。2016 年 10 月，一个专门从事多层级传销工作的日本招聘代理找到了他，向他提供了保加利亚一家加密货币初创公司的工作机会，该公司想聘请他担任CTO。这份工作的薪水很高，年薪大约25万英镑。这么高的薪水相对于其工作量来说显得可疑。它们希望比约恩搬到保加利亚，为此它们将为他租一个漂亮的公寓，并支付他的用车和其他费用。它们希望比约恩能负责搭建它们的区块链项目。

这让比约恩感到警惕。他知道如何构建区块链；这是他一直在做的事情。但招聘人员说这是一家已经拥有加密货币的加密公司。从定义上讲，加密货币就是建立在区块链上的；从技术上讲，没有区块链就不可能有加密货币。比约恩询问了更多细节。最后，招聘人员透露了该公司的名称——维卡币。比约恩以前就听说过这个名字。对于加密货币世界的人来说，这是一个鲜有人谈及却又广为人知的骗局。

该公司雇用他的时机也很有趣。这一年的 10 月 1 日，鲁娅在演讲舞台上“开启”了他们的新区块链。她说，这个新区块链将比他们之前的区块链更大、更好。6 天后，比约恩接到了招聘人员打来的第一个电话，邀请他担任 CTO，为这家加密货币公司搭建区块链，据说这家公司已经有一个所谓的工作多年的加密货币，但现在需要一个区块链。

OneLife 一直在使用一个 SQL 数据库来存储维卡币的数据和价值。SQL 数据库的运作方式很像 Excel 电子表格。任何人可以在任何时候进入数据库并更改方框中的数字。

维卡币并没有建立在区块链上。这意味着记录维卡币数值和价格的数字可以由鲁娅通过手动输入来更新，而她一直就是这么做的。维卡币记录在一个 SQL 数据库中，而不是在区块链上，这意味着维卡币可以随意冻结账户或控制用户的持币量，而如果维卡币在区块链上，则只有代币的所有者才能转移或使用这些代币。人们在屏幕上看到的有关他们的代币投资组合的价值的数字实际上没有任何价值。鲁娅想输入多少就是多少，数值完全是凭空捏造的。这就是维卡币价值不断上涨的原因，也是维卡币无法兑换为现实世界货币的原因，甚至 OneLife 自己也不接受这些毫无价值的代币来购买它们自家的商品。维卡币所做的 90% 的事情在区块链上都不可能做到。正如比约恩所说："警钟在敲响。"

维卡币的末路和鲁娅的消失

用整形手术来解决问题

投资者后来陆续开始得到消息：OneCoin 并不是它所描述的那样。风险太多，有太多的地方行不通。比约恩因评论该项目并非区块链收到了多个生命威胁。恐慌开始袭来。许多一直忠诚地销售维卡币并幻想着赚取巨额利润的人此刻才意识到，他们一直在向社区和亲人宣传的其实是一个骗局。

OneLife 需要向全世界保证维卡币有一定的价值来维持这个骗局。交易所已经倒了。到 2019 年，DealShaker 并没有像它自称的那样成为一个全球性的交易平台；除了伪造的数字，它几乎没有用户，而鲁娅已经逃亡两年了。OneLife 的团队在这种情况下做了加密货币庞氏骗局都会做的事情：他们在罗马尼亚的一个小巷子里举办了一场选美比赛。英国广播公司的杰米和他的团队也去了，但他们感到很不舒服。

OneLife 声称它们的“OneLife 小姐”选美比赛将是世界上最大的活动，会有数百万人观看。欧莱雅是活动的赞助商，而且这将是第一个由加密货币资助的选美比赛。但是现场没有大量的电视摄像机，也没有欧莱雅品牌的身影，甚至没有证据表明欧莱雅知道这次活动，而且它们的标志后来也被从网站上删除了。有 30 名参赛模特从世界各地飞来，为了赢得丰厚的奖品。这些奖品可能是有史以来提供给选美比赛获胜者的最奇怪的奖品：价值 2 万欧元的维卡币或整形手术代金券，获胜者可自由选择。

钱都去哪里了

没人知道维卡币到底是什么时候开始没钱的，但可以肯定的是，在 2017 年初它们遇到了一些重大问题。尽管承诺了巨大的投资回报，但维卡币从当年年初开始就已经无法满足用户的提款要求了。一些分支机构声称，它们已经几个月没有得到付款或能够提取它们的钱了。最初并没有太多分支机构的会员受到影响，但不久之后，绝大多数人都开始抱怨，他们无法得到他们认为应该得到的钱。

这彻底击垮了维卡币，该公司无法再经营下去了。各地的分支机构不开心，就不会去寻找新的投资，而投诉和坏消息的数量也在呈螺旋式上升。维卡币在投诉发布后不久就会删除大部分投诉，但用户已经很清楚维卡币的余额里没有钱来支付给投资者了，新的投资资金也已经枯竭。数十亿美元不翼而飞，人们不知道鲁娅和 OneLife 背后的主谋抽走了多少钱，也不知道这些钱到底去了哪里。

间谍情人

这在当时并非鲁娅唯一的担忧。鲁娅已经结婚，有一个年幼的女儿，但她的生活充满了戏剧性。她与一个从事洗钱活动的美国人吉尔伯特·阿蒙塔（Gilbert Armenta）是长期的地下情人关系，后者一直在帮助她转移资金。鲁娅和吉尔伯特正在商讨离开各自的配偶，甚至谈到了该给他们未来的孩子起什么名字。

联邦调查局一直在找吉尔伯特的麻烦。鲁娅知道这一点，但问题不在于此。鲁娅的困扰在于，她不相信吉尔伯特会为了她离开他的妻子。2015 年，鲁娅雇用了来自卢森堡的一名顶级间谍来帮她解决个人问题。弗兰克·施耐德（Frank

Schneider）经营着一家名为“沙石”（Sandstone）的私人情报公司，据称鲁娅就是去找他来解决她的所有问题的。鲁娅的哥哥康斯坦丁（Konstantin）在法庭上说了一些事情，但弗兰克坚决否认。在 2017 年，鲁娅面临的最大的问题是她的爱情生活。

据报道，鲁娅让弗兰克的一个手下买下了吉尔伯特与其妻子共同居住的位于佛罗里达州的房子楼下的公寓，并在公寓的天花板上钻了一个洞，在里面放置了一个麦克风，以便她能听到楼上的一举一动。这也许是为情所困的犯罪分子会采取的典型做法。鲁娅只是计划监听吉尔伯特与妻子的私人谈话。但她不知道的是，吉尔伯特已经与联邦调查局合作，试图通过对鲁娅不利的言论为自己赢回一些希望。联邦调查局窃听了他的电话，以记录他与鲁娅的谈话，包括她警告吉尔伯特参与维卡币的“这些俄罗斯人”会做什么。

到 2017 年 9 月，鲁娅知道她有麻烦了。在那个月给吉尔伯特的电话中，她感受到了犯罪组织的威胁，有俄罗斯人参与其中，他们有足够的力量做任何他们想做的事情。她听起来很害怕，但似乎还不知道维卡币的情况有多糟。不管怎么说，到了 9 月下旬，鲁娅已陷入了困境。维卡币无法支付款项，也没有新的投资者来维持现金流。有组织的犯罪团伙正在逼近，而她与爱人私奔并生下孩子的愿望似乎也已经破灭了。

冒牌的加密女王

维卡币的麻烦越来越多，调查研究人员和愤怒的投资者开始逼近。他们很快发现，许多关于鲁娅的事情都是假的。福布斯的封面刊登是假的，它只是维卡币在《福布斯》保加利亚的合作伙伴处刊登的付费广告，OneLife 将其设计成了《福布斯》国际版头版的样子。当维卡币在其宣传中广泛使用这一页时，他们“忘了”提及这只是一个广告。在《经济学人》会议上的发言也是买来的，维卡币是该会议的白金赞助商。

维卡币也不是鲁娅唯一失败后就玩失踪的项目。2009 年，鲁娅和她的金属工父亲在德国南部买下了一家钢铁厂，位置就在她老家附近。她父亲熟悉这门手艺，而鲁娅有生意头脑，负责经营业务。该工厂一直在蓬勃发展，雇用了 140 名忠诚的工人，养活了 140 个当地的家庭。到 2012 年，工厂破产了。杰米·巴特利特和他的 BBC 调查小组与他们进行了交谈。在如此短的时间内将这家曾经繁荣的工厂推向破产，导致鲁娅被判定犯有 24 项欺诈罪。她承认的罪名包括挪用员工和供应商的资金、银行欺诈、财务造假，甚至试图将工厂的机器运回保加利亚出售。在那之后，工厂员工再也没有听到过她的消息，直到维卡币的事情败露。对于所有没有受到直接影响的人来说，工厂这件事不过是一件让人感到遗憾的往事。

加密女王携款潜逃了

不知道是因为维卡币面临问题而且知道自己正在被 FBI 通缉，还是因为破碎的爱情生活，乃至维卡币所涉及的有组织犯罪带来的压力，鲁娅最终躲了起来。目前已知的是，鲁娅最后一次露面是在一架飞往雅典的瑞安航空的航班上，到达之后，她和一些俄罗斯人上了一辆车，之后就再也没有出现过。这些人是否就是她在与吉尔伯特的电话录音中提到的俄罗斯人？我们（还）不得而知。

鲁娅在早期曾与她的联合创始人讨论过可能的退出策略。其中的一个策略是："拿了钱就跑，把责任推给别人……"

有一个人也许比其他人更了解鲁娅和维卡币，那就是杰米·巴特利特。杰米策划并主持了 BBC 一档热门的播客系列节目——《消失的加密女王》。他出席了我们在伦敦举行的加密咖喱俱乐部活动，并进行了最激动人心的闭门会谈。在本书写作期间，他非常友好地与我交谈，以下就是他所说的内容。

人们为什么没有质疑维卡币不是加密货币？

99% 的投资者是传销人员或传销人员的朋友，他们听说过比特币和比萨男（他曾经用 1 万枚比特币买了两个比萨，这笔比特币的最高价值约为 5 亿美元）的故事，但不了解加密货币的相关技术。多层级传销人员倾向于看一些东西，比如：创始人是否有博士学位，是否在大公司工作过，推销员是否开着好车？他们一般有不同的方式来建立信任，而加密货币爱好者则会看代码或 GitHub。

很多事情可以归因为人们对朋友的信任。人们被比特币和其他加密货币的巨大回报所蒙蔽，所以很多人相信维卡币也是真的。从心理学上讲，一旦你认定某件事情是真的，你自己就会找证据去支持它。鲁娅给了那些想相信它的人足够的证据。

需要注意的是，维卡币事件在加密货币领域发生的时间还比较早。当时，几乎所有人都在声称其他加密货币项目是骗局。比特币的人称以太坊是骗局，以太坊的人称比特币是骗局。每个项目都称较小的竞争币为骗局。因此，维卡币看起来只是众多被指责为骗局的加密货币项目之一。称维卡币是真骗局的声音已经被掩盖了。此外，维卡币是在所有关于它是骗局的信息遍布互联网之前火起来的。

为什么人们在有这么多风险提示的情况下还一直相信维卡币？

一旦你把钱投资到某件事上，你就会有一个心理障碍，所以你很难相信自己被骗了。很多人就是不堪承认这一点，所以一直保持着希望。

承认你被骗了，对于很多把朋友和家人也拉来一起投资的人来说，意味着你必须向你的朋友和家人承认你骗了他们，尽管是无意的。

投资维卡币的人分为以下几种：

- 处于顶层的人，他们知道这是个骗局，但并不在意。
- 处于中间的人，他们有所怀疑，但并不想知道真相。
- 处于底层的人，他们确实相信维卡币及其愿景。虽然他们最终发现这是一个骗局，却会继续假装相信，因为他们不愿相信真相。
- 还有一些人真的不知道这是一个骗局。

为什么参与多层级传销的人能够逃脱？为什么说人们有可能成为多层级传销骗局的惯犯？

那些处于多层级传销金字塔顶端的人已经赚了很多钱；他们现在有很好的律师为他们提供建议，

保证他们的清白。这确实不公平。

2015 年，执法部门曾认为维卡币是一种加密货币，并没有对它做足够的调查，所以传销人员认为它没有被监管，毕竟当时的加密货币都没有被监管。

即使早在 2015 年，也已经有了很多不同的加密货币项目，但我不认为各个国家的执法部门知道该怎么做，或者该关注哪些项目。大多数国家都没有相关的监管政策，所以没有人知道该由哪个机构负责。

你认为他们会受到惩罚吗？

执法部门可能会介入并展开调查，但很难下结论。因为很难证明人们到底认为这是一项真正的投资还是一个骗局。多层级传销本身在美国是合法的，所以这是一个灰色地带，多层级传销人员可能会通过辩解来逃避任何麻烦。

你认为鲁娅还活着吗？

我认为是的，这是有可能的。我认为她有 30%~40% 的可能性已经死了。一些人有理由除掉她。但她又能获得大量的钱，这为她带来了能量。

你是否知道谁是维卡币真正的幕后推手？是黑帮还是有组织的犯罪集团？如果其背后是犯罪集团，它们是什么时候介入的？是一开始就参与其中，还是在维卡币的影响变得很大的时候才加入的？

维卡币有可能从一开始就是一个为毒品交易或其他东西洗钱的幌子。事实有可能就是这样的。我个人认为这是鲁娅和塞巴斯蒂安的共同想法，他们一开始就是这么打算的。鲁娅负责策划加密货币方面的内容，而塞巴斯蒂安负责带来多层级传销经验。也许有组织的犯罪随后参与了进来。

你认为它从一开始就是一个骗局，还是一开始有着良好的意图，但后来失去了控制？

也许它是一个骗局，也许它刚开始并不是一个骗局。这很难知道了。但是鲁娅所做的事情是如此可怕，对许多人产生了巨大的影响。将加密货币与传销融合是她的创举，这在以前是没有的。她创造了一个结合了多层级传销和加密货币的赚钱产品，并最终失控了。

我认为他们最初还是希望项目能成功的，但是最后事态的发展失控了，维卡币变得比他们想象的要大得多，正如许多其他 ICO 项目那样。从这个意义上说，有些项目是骗局，有些投机项目是逐渐发展成骗局的，因为创始人无法让项目落地，项目最终发展得比他们预期的要大。

我认为加密货币是否是骗局，并不是十分分明的。有些人最初是真的相信它，然后被迷惑了。多层级传销在维卡币的案例中发挥了重要作用。维卡币提供了所有快速致富的大承诺，然而在多层级传销中，99% 的人都没有赚到钱，但人们依然抱有希望。

骗局继续

即使维卡币在某天完全停止了交易，它所造成的损害也不会消失。2016 年底，维卡币的一些领导人离开了，据称他们是新的加密货币 Dagcoin 的幕后推手。从互联网和社交媒体上的评论来看，大多旁观者都指责这是一个类似于维卡币的骗局。人们受高回报的诱惑投入了真金白银，传销组织成员通过推广该项目获得了高额回报。该项目还通过其联盟网络成功工厂（Success Factory）兜售教育套餐获利。成功工厂和 Dagcoin 在互联网上有很多群组，包括一个活跃的 Facebook 群组，群里面都是满怀希望的投资者。他们要么相信了不实宣传，要么抱有破罐子破摔的心态。Dagcoin 还没有做成任何产品，但是根据许多旁观者的说法，这显然是一个庞氏骗局，几乎可以说是维卡币的翻版，并且正在快速吸引投资者。这些人还没有意识到他们就要亏钱了。

伊戈尔·阿尔伯茨是维卡币的推广者，他从该项目的受害者身上赚取了数千万欧元。他表示在他和安德里亚意识到维卡币是一个骗局时就选择了退出。此后，当伊戈尔看到法律开始追究维卡币时，他就把他的多层级传销团队带到了 Dagcoin。他们现在是 Dagcoin 最大的推广者，每月从中赚取 160 万美元。任何想查看 Dagcoin 和维卡币的关联的人都可以查阅 Dagcoin 的 Facebook 小组，查看这些传销计划是如何取得惊人的发展的。

维卡币的一些头目已身陷囹圄，其他人则正在等待审判，而鲁娅仍然在逃，目前下落不明。世界各地数以百万计的人，包括许多来自世界上最贫穷国家的人（他们是优秀的销售人员和宗教领袖的受害者），将永远无法拿回他们的钱。这些钱往往是他们的毕生积蓄。

Bitconnect

双庞氏骗局和无与伦比的交易机器人

Bitconnect 的兴起和造富神话

流行术语，一种新的加密货币

每个月都有新的 ICO。2016 年 2 月，对人们影响最大的 ICO 是 Bitconnect，当时它还只是一家不知名的创业公司。与其他许多 ICO 一样，Bitconnect 在公司的网站或营销文案上并没有列出太多的信息。该团队是匿名的，没有关于项目背后推手的信息，也不清楚 Bitconnect 的愿景。该网站只是说：

> Bitconnect 代币是一种开源的、点对点的、社区驱动的、去中心化的加密货币，它允许人们以非政府控制的货币来存储和投资他们的财富，乃至获得大量的投资回报。这意味着任何在钱包中持有 Bitconnect 的人都可以从余额中获得收益，作为其帮助维护网络安全的回报。

该介绍中充斥着各种流行术语，却没有什么实质内容。事实上，整段话，所有与 Bitconnect 有关的信息都没有涉及任何实质内容。网站说如果一个人持有它们的代币，将获得大量的收益。为什么能或如何通过维护网络而赚取收益并没有说清楚，技术上也行不通。尽管如此，Bitconnect 还是筹集了价值 41 万美元的比特币。这是在 2017 年大的加密货币泡沫之前，那时人们会在他们知之甚少的项目上投入数百万美元。考虑到人们不清楚他们投资的是什么项目，这是一个相当可观的数字。

比杰夫·贝索斯还要富有 95 751.58 倍

到 2017 年年初，Bitconnect 网站更新了，说它们开发了自己的专用交易机器人和波动性软件，为其用户提供了一种针对比特币的交易方式。它们还宣布推出一个借贷平台。Bitconnect 的用户不需要自己做任何交易，只需把 Bitconnect 币借给 Bitconnect。然后，Bitconnect 将对比特币进行反向交易，据说他们的交易机器人将从比特币的波动中获益，并为出借人和 Bitconnect 平台赚钱。针对这种交易的风险部分，Bitconnect 只做了轻描淡写的描述。至于如何运作，或者机器人如何保证每天都能赚取利润来支付向 Bitconnect 持有人承诺的"可观的收益"，Bitconnect 未做任何解释。

Bitconnect 持有人可以向 Bitconnect 平台"出借"100 美元以上的任何金额，然后据说平台会将这些代币与比特币进行交易，并保证让所有人获利。投资者需要把资金锁定 120

到 299 天。这样的锁定可能是投资的一个标准做法。一些基金经理需要在一定时间内持有资金，以便能为客户创造最佳的回报，但投资者仍应能够提取资金，即使需要承担一些费用。对于一个每天都能产生收益的交易机器人来说，很难理解为什么需要这么长的锁定期。强制锁定投资者的代币确实会给人一种印象，即 Bitconnect 想霸占投资者的钱。锁定资金或代币是庞氏骗局使用的典型工具。警钟已经敲响。

Bitconnect 在销售中最大的卖点是它们承诺给任何购买 Bitconnect 币并将其借回给平台的人以高额收益。在大多数行业中，每年 5%～10% 的收益通常会被认为是非常好的投资回报。根据个人投资的多少，Bitconnect 每月将向其支付 47.5% 的收益，或每年高达 570% 的收益。关于这一点，每年 90% 的收益是有保证的。将这些数字和每天的复利（如果用户把每天支付给他们的利息再投资到平台上）放到网上免费提供的复利计算器中算一下，很快就能意识到这么高的数值有多荒唐了。

如果有人用 100 美元进行为期一年的投资，并将所有的收益进行再投资而不是兑现，到一年结束时他将拥有 11 776.75 美元。

如果有人用 1010 美元进行为期一年的投资，并将所有的收益进行再投资而不是兑现，到一年结束时他将拥有 169 663.50 美元。

如果有人用 10 010 美元进行为期一年的投资，并将所有的收益进行再投资而不是兑现，到一年结束时他将拥有 2 862 743.59 美元，超过了 280 万美元。

如果有人将 10 010 美元投资 5 年，并将所有的收益进行再投资而不是兑现，到 5 年结束时，他将有 19 150 316 162 940 756.00 美元。超过了 19 150.316 万亿美元。相比之下，目前地球上最富有的人杰夫·贝索斯（Jeff Bezos）的净资产刚刚超过 2000 亿美元。这一成就还是在因新型冠状病毒采取的长期封控措施为亚马逊的财富带来了巨大的增长的情况下取得的。根据这些比率，一个人如果投资 10 010 美元，5 年后其资产就会超过杰夫·贝索斯。事实上，他们的资产将是杰夫·贝贝索斯的 95 751.58 倍。

审视现实

俗话说，如果一件事看起来好得不像真的，那它可能就不是真的。任何花时间分析这些数字的人都可能认为这些回报是不具有可持续性的。Bitconnect 没有明确说明如何获得这些令人难以置信的回报，只是含糊其词地解释了它们的交易机器人。

领先的投资银行和对冲基金雇用着世界上最好的编码员、交易员和分析师，并会不惜一切代价获取和使用已知的最佳交易算法。目前还没有一只基金或交易员取得了保证性的结果，更不用说无论市场条件如何，每年都能获得百分之几百的回报率了。关于 Bitconnect 这个匿名团队制作的机器人如何能产生如此高的保证收益，人们知之甚少，也没有人解释过。如果这个机器人真的像 Bitconnect 声称的那样产生了高回报比，那么这个机器人的创造者就不会有动力与任何人分享它。分享这些成果对他们是不利的。他们完全可以将自己的收益复利化，并将其再投资到自己的交易软件中，那么，在几年内他们就会成为地球上最富有的人。

虽然一些投资者开始提出一些疑问，认为这看起来不切实际，但大多数人似乎并没有产生过质疑。早期的 Bitconnect 投资者很高兴能赚到钱。他们相信机器人的故事，并从不质疑。

毫无价值

现在，Bitconnect 已经推出了自己的新交易所，人们可以用比特币（一种全球通用的数字货币）换取 Bitconnect 代币，然后他们可以将这些代币借给平台，并从它保证的回报中获益。绝大多数从比特币到 Bitconnect 的交易都是通过 Bitconnect 自己的交易所进行的，它们会对任何想把自己的比特币收益兑现的人收取高额交易费。这使得 Bitconnect 从每笔交易中获得了收益。一些人认为，Bitconnect 真正赚钱的地方是交易费，而不是交易机器人，但大部分人并未进一步质疑。

除了用 Bitconnect 代币与比特币进行所谓的交易外，Bitconnect 并没有任何用处或价值。人们要么只是持有 Bitconnect 币，期待它升值，要么就将这些币借给平台。

人们听说了早期投资者通过出借 Bitconnect 币给平台获得了回报的事，确实，所有早期投资者都得到了全额回报，每天至少有 1% 的收益。当然，这不是可持续的，但投资者看到了加密货币造富的故事后，认为可以通过这种简单的操作被动地获得同样的回报。

尽管这些警示已经非常明显，人们还在持续涌入这个平台，而且一旦他们锁定了资金，就有动力去自发地宣传，因为 Bitconnect 提供了非常慷慨的客户推荐奖金结构。

聪明且夸张的推销活动

大金字塔

在许多加密货币骗局中，有一个反复出现的问题。这些公司并没有长期的规划，只想在短时间内尽可能多地获得资金，然后逃之夭夭，并希望永远不被抓到。要做到这一点，就要像维卡币一样，让人们倾力投资。为了实现这一目标，特别是对于一个在现实世界中没有任何用途或合法性的项目来说，有时传统的营销是不够的。许多最大的加密货币骗局实际上就是庞氏骗局，它们的钱不是来自销售任何有价值的产品，而是来自新的投资者。为了获得新的投资者，这些项目会提供高额的推荐奖金，从而实现了一个现象：平台本身不需要做任何工作来推广自己，它们的投资者会自发地进行推广。

Bitconnect 带来了专业的诈骗推广者，也有更多的加密货币意见领袖（KOL）在 YouTube 上推广该平台，最终导致成千上万人受骗，造成了巨大的资金损失。对 Bitconnect 的受害者来说，不幸的是，这些 KOL 非常擅长宣传。人们看到了他们在频道上宣传的高回报，并选择相信他们。Bitconnect 的推广者从他们带来的每个投资者的投资中抽成。这些意见领袖及很多 YouTube 创作者仍在逍遥法外，很多人转而去推广下一个骗局。

跟维卡币一样，加密货币庞氏骗局的推广也出现了一个趋势：雇用知名的多层级传销骗子和愿意赚钱的 KOL。骗子们会把他们的回报和收益截图，向粉丝炫耀自己赚了多少钱。这些 YouTube 创作者没有说明他们从 Bitconnect 获得的大部分收益来自招募新投资者的佣金。强大的推荐激励机制也促使成千上万的 Bitconnect 投资者把朋友、家人和同社区的人拉进来投资。在许多情况下，这是无心之举；很多人真的相信这个平台，并看到了高额回报。很多推广 Bitconnect 的人，至少在早期，确实是被蒙在了鼓里。

正如我们在维卡币以及接下来要介绍的 PlusToken 案例中看到的那样，加密货币骗局的一个共同趋势是以庞氏骗局的方式带来新资金。和其他加密货币骗局一样，Bitconnect 的推荐奖金结构类似一个金字塔。对于每一个被直接推荐的人，推广者或 KOL 将得到该被推荐人的投资的 7%。如果他们的被推荐人拉新人来投资，第一个推荐人也将获得该投资的 3%。以此类推，一个投资者可以从所有他推荐的人所拉来的新投资者的投资中获得 1% 的收益，总共有七级。就像维卡币和多层级传销结构一样，金字塔计划的问题是，那些具有最大影响力并最早进入项目的人赚了很多钱。数百万美元的佣金支付对 Bitconnect 来说并不少见。

没过多久，人们就开始评论说，高回报和金字塔形的推荐结构使 Bitconnect 看起来很像一个金字塔或庞氏骗局。这些与金字塔有关的评论大多是由更多经验丰富的加密货币投资者提出的，他们以前就见过这一切。可悲的是，这些担忧大多没能改变热衷于 Bitconnect 的投资者，他们中的许多人更专注于增加他们的投资，而不是听取建议。

给骗局打广告

Bitconnect 有一个用于营销的推广基金，总额为投资者资金的 10%。这些资金被用来做大量的营销推广活动。除了举办让人眼花缭乱的投资者专场活动外，这些资金还被用来奖励销售人员，并为 YouTube、Facebook 和谷歌支付数十万美元的广告费。根据泄露的聊天记录，Bitconnect 在美国的主要推广者一度每周能带来约 700 万美元的收入，使他每周有 70 万美元用来在美国宣传该项目。

当然，投资者对于这笔占了他们投资资金 10% 的推广费用并不知情。Bitconnect 的团队有多种招数吸引新的投资者进入平台。到了 2017 年年底，有太多的人开始强烈质疑这个平台。Bitconnect 需要放大招来打动投资者，并保持最热心的推广者的积极性和忠诚度。

超级跑车、迪斯科舞会、刺耳的音乐和歌声

2017 年 10 月 28 日，一段视频在 YouTube 和整个加密货币界传开了。

那天，在泰国芭堤雅会展厅举行了一项颁奖典礼。这是一个富丽堂皇的活动场所，背靠芭堤雅海滩。此次活动是为庆祝 Bitconnect 公开交易一周年举办的。这场活动可以说是不计成本的，包括一个现场娱乐表演（由舞蹈家、歌手、鼓手和音乐家参与）、一个象征性的剑术比赛、一个盛大的晚宴和颁奖仪式，甚至《泰国达人秀》的获胜者古灵（Ku Ling）也被请到了舞台上，他把双腿吊在一条红绸上，表演了空中杂技。

举办这场浮夸晚宴的目的是为 Bitconnect 最有力的支持者进行庆祝。该平台的顶级会员和带来最多被推荐人的顶级 YouTube 创作者每人获得了 1 万美元的 Bitconnect 代币；七位顶级推广人和支持者每人获得 5 万美元的新代币。在聚光灯下，几辆超级跑车十分抢眼：一辆保时捷 911 Carrera S、一辆奔驰 GTS、一辆阿斯顿·马丁 Vantage、一辆法拉利 California 和一辆兰博基尼 Hurricane，这些都是送给最活跃的推广者的大礼。它们想让世界看到它们的合作伙伴有多么富有。从本质上说，该平台需要更多的会员来维持这个骗局，而且要尽快。还有什么比发放一些漂亮的新车更好的激励措施呢？颁奖人是一位名叫迈克尔·克莱普托（Michael Crypto）的人。对于任何想看超级跑车的人来说，在谷歌上搜索"Bitconnect's Pattaya supercar event"，就能找到这段视频。

人们站在台上，分享 Bitconnect 如何改变了他们的生活。一个印度人在 Bitconnect 只值 20 美分的时候就买了它，他讲述了由于 Bitconnect 价值的急剧上升和复利收益，他现在每天能赚 2 万美元，而这只花费了几个月的时间。卡洛斯·马托斯（Carlos Matos）是纽约人，他也在几个月前买进了 Bitconnect，他在这次大会上发挥了关键作用。卡洛斯是一个表演者，善于调动观众的情绪。他说自己 26 000 美元的投资现在价值 140 000 美元，他现在每天都能赚到 1400 美元。在开始投资后仅 137 天，Bitconnect 就改变了他的生活，并且在改变世界。

一张巨大的信用卡模型被搬了出来，在场的每个人都能看到上面印的大字“Visa”。人们开始在舞台上和Bitconnect团队一起跳舞，并把卡片高高举起。我们可以推测，他们是拿钱做事的，而不是自愿的，但Bitconnect没有公布这些细节。然后，一台巨大的ATM机模型被推了出来，一张超级大的“智能卡”被正式插入，然后真正的钞票如雨点般落在观众身上，他们被告知新的Bitconnect智能卡将能够用Bitconnect代币支付任何东西。该卡的注册将于当年12月1日开始，但我们没有找到任何Visa与Bitconnect合作的证据。

Bitconnect背后的团队甚至在当晚推出了一张音乐专辑，以一首所谓的朗朗上口但绝对俗气的嘻哈歌曲为首，少年们一边跳舞一边唱着一首关于Bitconnect的歌：“我们有一个好东西，它很了不起……”虽然发专辑跟加密货币并无关联，但有豪车、金钱、舞蹈、迪斯科舞会，再加上他们自己的歌曲，项目能有什么问题呢？

为了让人们参加这次活动，Bitconnect为来宾支付了机票和住宿费用。这是一个很好的激励投资的场合。任何已经投资或将在一个月内投资，并在平台上一次性存入2万美元（或更多）的人，都会收到一份个性化的邮寄邀请。如果他们来了，Bitconnect将报销他们到泰国的机票和酒店费用。从英国来的人将收到大约2000英镑的费用。两千人从世界各地来到这里，其中大多数人不是为了去会议中心免费度假，而是为有幸参加这次活动感到兴奋。该活动持续了四个小时，全程在 YouTube 上直播，任何想了解这个现已关闭的骗局的宣传活动的人都可以看到。视频很有趣。

那晚，卡洛斯让自己出名了。他一遍又一遍地高声唱着“Bitconnecccccct”的视频在加密货币社区中轰动一时，成为一个永不消逝的网络迷因。任何人在 YouTube 上搜索他的名字和“Bitconnect 年度典礼”，都可以免费观看该视频。

作为 Bitconnect 的宣传工具，该活动似乎很成功。更多的人投资了该项目。仅仅一个月后，2017 年 11 月在美国加利福尼亚州圣克拉拉举行的北美区块链博览会上，Bitconnect 租了一艘私人游艇，在船上为所有在其平台上投资 1000 美元的人举办了一个派对。投资人可以免费在金门大桥下乘坐游艇和在硅谷上空参观酒庄。相较于每个人投资的 1000 美元，这种活动的成本很小，这是相当聪明的营销。

危险的信号

更多的警示

对于任何关注 Bitconnect 的人来说，还有其他几个警示。其他投资平台会在一定程度上提示投资可能面临的风险（这是标准的法律要求），而 Bitconnect 的网站上没有这样的警示语。

该网站充斥着拼写错误和糟糕的语法。非英语母语的人可以很容易地找到在线编辑来检查网站的质量，或者雇用以英语为母语的人做一些小的校对来纠正最基本的错误，费用相对较低。互联网上到处都是能提供这种服务的网站或自由职业者。如果网站背后的公司有世界上最好的交易机器人保证它们每天获得高额回报，并且拥有价值数十亿美元的资产，找人完善网站对它们来说是小事一桩。Bitconnect 却似乎懒得找人检查其网站的文字拼写，这令人费解。

Bitconnect 也从未就其交易机器人的存在给出任何证明。鉴于这是该公司整个投资产品的核心，它们理应做出更多努力让外界相信机器人的存在，但它们并没有。

事实上，即使在早期，对于那些了解到风险的人来说，Bitconnect 看起来也是更专注于如何让投资人掏钱，而不是告知它们将如何帮投资人赚钱。

警钟长鸣

值得庆幸的是，没过多久，加密货币社区发出的警告就被国际执法部门发现了。2017 年 11 月 7 日，就在 Bitconnect 发起 ICO 不到一年的时间里，它们收到了英国公司管理局发出的注销通知。Bitconnect 在被英国相关部门关闭之前有两个月的时间来证明它们的合法性，它们在英国以 Mr Ken Fitzsimmons 为名注册了一家公司，该注册人持有 75% 的股份。项目网站上没有任何关于 Ken Fitzsimmons 的信息，也没有任何地方列出与 Bitconnect 有关的信息；可以推测 Ken 和它们的交易机器人一样是捏造的。

有那么一段时间，Bitconnect 一直在正常运营，好像什么都没有发生过。一些投资者开始担心，但 Bitconnect 安慰大家继续购买代币，说任何针对 Bitconnect Ltd 公司某一部门的法律行动都不会对主公司 Bitconnect International Plc 产生影响。Bitconnect 的投资人继续疯狂购买，把代币的最高价推到了 463 美元，而仅仅在一年多前，其价格还只有 17 美分。

2018 年 1 月初，美国得克萨斯州和北卡罗来纳州指控 Bitconnect 非法销售证券，销售这种类型的资产本身是合法的，但只有那些经过监管机构严格审查并获得许可的公司才有资格这么做，并只能向有经验或专业的投资者出售。只有这些人清楚地知道自己在做什么，并且能够承担失去资金的打击。在没有监管的情况下出售证券是一个很大的法律“禁区”，但很多 ICO 都这样做了，要么是因为它们不知道或懒得去了解更多法规，要么是因为它是加密货币，在当时不受监管，所以它们认为可以逃脱法律制裁。Bitconnect 完全没有遵守任何法规，并向那些没有加密货币或投资经验的人推广它们的代币，它们的目标是那些最容易被欺骗的人。

Bitconnect 收到了来自美国两个州的要求停止经营的警告信，首先是得克萨斯州证券委员会，然后是北卡罗来纳州证券部，迫使它立即停止销售其代币。在这些公开的法律行动之后，甚至连 YouTube 上的一些关键人物也开始与该平台脱离关系以保护他们的声誉。Bitconnect 很快就发布了一份声明：它们将关闭借贷业务和交易所，只留下了网站。它们解释说：两封警告信以及 DDoS 攻击（由黑客试图破坏网站而发起的一种相对常见的网络攻击）使“平台不稳定，在社区内造成了更多的恐慌”。这些理由毫无意义。鉴于它们的交易机器人不可战胜的性质，坏消息不应该对平台有影响。如果一切都像 Bitconnect 所说的那样，每天都有可保证的回报，那么该公司就无需投资者或公众的信任，它们照旧可以交易，好的投资结果会说明一切。并且 DDoS 攻击是可以通过良好的网络安全和渗透测试来预防的。购买企业级的安全保护，对任何市值 10 亿美元的公司都是一个好的选择。Bitconnect 代币总市值最高时达到了 28 亿美元，还募集到了预期的 40 亿美元。

随之而来的是被称为加密货币历史上最大和最突然的血洗事件。

Bitconnect 对投资者的三次血洗

市场大血洗

在暴跌中失去资金的并不是 Bitconnect 背后的团队。2017 年 12 月，Bitconnect 代币发生了几次同步抛售，首先是 12 月 8 日价值 3 亿美元的小规模抛售，使该币的价值从 450 美元跌到了 365 美元。投资者迅速买入该代币使其回升到了原来的峰值。12 月 17 日，Bitconnect 的价格再次崩盘，从圣诞节的 457 美元暴跌到 220 美元。那一周，9 亿美元被清零了。这最后一次的市场崩溃吓坏了剩余的投资者。Bitconnect 做了一个巨大的社交媒体推广，花了一些现金来吸引新的投资者。投资者买回了代币，恢复了市场信心。但随后真正的抛售开始了。从 12 月 30 日开始，在 Bitconnect 币达到 463 美元的新高峰时，巨大的卖单出现了，卖出了前所未有的巨量代币。接下来的一周，投资者还在不断地买回代币，显然他们认为，前两次暴跌都反弹了，没有什么可以打败 Bitconnect 代币。

接下来的几天里，Bitconnect 缓慢下跌，从约 450 美元跌至约 300 美元。投资者感到了绝望和恐慌，但大多数人还在坚持着甚至还抱着捡“便宜”的心态。大多数人只是不知道该怎么做，焦虑地等待着市场好转，以为下跌只是暂时的抛售或故障。在 2018 年 1 月 15 日，代币开始了断崖式的下跌。Bitconnect 在一天内暴跌了 87%。投资者将在 1 月 16 日醒来时经历了他们人生中最糟糕的一天。许多人投入毕生积蓄（办理商业贷款并重新抵押房屋，刷爆信用卡），并说服他们所有的朋友和家人购买的代币突然暴跌到了 11 美元，而他们的购买成本都在 400 美元以上，这让许多人的初始投资损失超过了 97%。市场从 28 亿美元跌到 1200 万美元，仅在 2 个小时内就有 15 亿美元的市值蒸发了。

到了 1 月 17 日，Bitconnect 已是当时 CoinMarketCap 网站（一个加密货币评价网站）上数千个加密货币中表现最差的那个了。许多加密货币界的老前辈（在加密货币领域摸爬滚打多年的人），早在 Bitconnect 消亡之前就已经警告过大众这是一个庞氏骗局，是一个不可持续的骗局。此刻他们正在观看价格走势，并在 Twitter 上发表评论。他们预计这将是加密货币历史上最大的庞氏骗局的骤然结束。

极有可能的是，那些早期的抛售者并不是用钱或贷款购买 Bitconnect 代币的投资者，而是那些创办 Bitconnect 的人。他们把代币兑现成比特币，并准备跑路。这是一次有组织的退出骗局。

鉴于 Bitconnect 团队——并不能确定就是他们——似乎在第一次抛售中成功套现了 12 亿美元，再加上之前抛售的金额，以及导致 Bitconnect 断崖式暴跌的最后一次抛售的未知金额，人们可能会认为这个骗局就到此为止了，骗子已经赚够了，没有人会再相信 Bitconnect 团队或上当受骗。

要是 Bitconnect 就此结束了，至少这个特定的骗局就会终结。但是，当时的加密货币还没有被监管，Bitconnect 背后的骗子们保持着匿名，傲慢地认为他们不会被抓住。Bitconnect 与投资者的故事仍将继续。

庞氏谍中谍：一个套路，两个骗局

到 2017 年年底，Bitconnect 团队很清楚这个庞氏骗局没有活力了。新的投资者越来越少；各国已经开始对其采取法律行动，加密货币社区警示的声音也越来越多：Bitconnect 是一个骗局。人们开始清醒了。据推测，该团队一直在把他们的 Bitconnect 代币兑现成比特币，再加上他们从交易所的交易费中积累的大量资金，他们肯定把几十亿美元收入囊中了。这还不够，Bitconnect 背后的团队还在进行最后的挣扎。在推出 Bitconnect 一年多后，是时候进行下一步了。2017 年 12 月 31 日，一个新的域名被注册。不到两周后，就在 Bitconnect 即将开启断崖式下跌、投资者几乎损失了全部资金之前，第二次首次代币发行 BitconnectX 启动。

在 Bitconnect 从 400 美元暴跌至 10 至 20 美元左右后，Bitconnect 团队向恐慌的投资者们发布了一份声明。如果他们把代币投资于新的 ICO，而不是套现离场，他们将以每枚代币 150 美元的价值兑换投资者手上的代币。新的 Bitconnect ICO 代币最初以 5 美元的价格进行销售。然后涨到了 50.25 美元。Bitconnect 突然在一夜之间将它们的代币价格涨了 10 倍，没有给出任何理由，也没有对发行或网站做任何改变。令人惊讶的是，这并没有阻止人们涌入。

Bitconnect 限制了人们可购买的新 ICO 代币的数量，并设定了每日的购买限额，限额很快就达标了。这些限额在最初几天被疯狂卖出，给人的印象是 ICO 的需求量很大。尽管早期的 Bitconnect 投资者是以 17 美分而不是 50 美元的价格买入初始 Bitconnect 的，尽管一年后的今天，加密货币市场正处于泡沫的顶峰，尽管发行这个 ICO 的公司已经受到英国和美国两个州的法律诉讼，尽管在 BitconnectX ICO 开始时，成千上万的投资者已经在 Bitconnect 中损失了数十亿美元；然而，人们仍然想加入该项目，尽管他们不知道这个项目是干什么的，也不知道它将提供什么。

除了数十万绝望的现有投资者（集体损失了数十亿美元），仍有新的投资者想要加入，希望重现早期 Bitconnect 投资者的暴富神话。人们仍会在加密货币聊天组、Telegram 或 Facebook 上发帖，寻求如何最好地买入 ICO 的建议。令人难以置信的是，第一个骗局所带来的警示并没有让投资者望而却步。而且由于加密货币在当时没有受到监管，监管机构也没有尽早介入。这令人感到可悲。

BitconnectX ICO 的网站其实并没有说太多内容，只说投资“允许你通过在 Qt 桌面钱包中持有 BCCX（代币的名称）来赚取收益，帮助维护网络的安全，该钱包与网络相连，允许通过它进行交易”。Bitconnect 的团队甚至没有考虑措辞，他们只是希望人们盲目地投资。投资者仅仅是希望代币能像 Bitconnect 早期那样上涨，并希望能快速致富。第二次 ICO 在网站关闭前成功地骗取了人们更多的钱，而投资者除了又一次的巨额损失外，什么都没有了。

鉴于创始团队的集体性抛售、来自执法部门的诉讼和停止令，几乎从第一天起就有关于 Bitconnect 是一个明显的庞氏骗局的警告，加上两次 ICO 骗局，人们会认为第一个 Bitconnect 事件会就此结束。从一个可疑的 ICO 到 28 亿美元的估值，Bitconnect 几乎从所有的加密货币交易所都退市了，导致该代币实际上一文不值，因为没有人可以兑现或出售它。然而，Bitconnect 代币又继续交易了八个月，直到 2018 年 8 月 11 日。当它从最后一家交易所退市时（最后一枚代币以 68 美分的价格售出），仍然给这个毫无价值的骗局带来了 669 万美元的市值。

Bitconnect 在世界各地建立了各种法律和公司架构，据信这些都是假名。一些被认为是该骗局的幕后推手的人到处躲藏。一些与 Bitconnect 有关的人被捕，包括该项目所谓的亚洲负责人迪维什·达尔吉（Divyesh Darji）。他在从迪拜到德里的途中被捕。Bitconnect 并不是达尔吉第一次因诈骗被指控。他还与印度的洗钱活动有关，他被指控在印度卢比纸币非货币化后盗取了 126 亿美元的投资者资金。达尔吉还被指控是另一个类似的加密货币骗局 Regal Coin 的幕后黑手，该骗局似乎从 Bitconnect 吸取了一些经验。

Bitconnect 3：两个骗局还不够

2017 年 9 月，一个新骗局 ICO 启动了。Regal Coin 几乎完全复制了 Bitconnect，并由它的一些发起人创立。它承诺让投资者低价买入新的 Bitconnect。跟 Bitconnect 一样，Regal Coin 承诺保证每月有超过 40% 的回报，该收益是由一个交易机器人（根本不存在）完成的，锁住投资者的钱，通过金字塔结构给予高额回报，激励 YouTubers 和 KOL 推广它，并且不知道谁是幕后操纵者。承诺并没有什么新奇的。主要的区别是其网站上的英语质量很差，语义不通，而且看起来甚至没有被母语为英语的人校对过。找一个编辑就能解决的事情，Regal Coin 却没有去做，网站和营销非常糟糕。就像 Bitconnect 一样，它的一些推广者知道这是一个骗局，但他们推广的理由是，如果你足够早进入，你有三个月左右的时间来挣钱和逃跑。这个项目最终崩盘了，从 2017 年 10 月刚推出时的每枚 70 美元跌至 2020 年的 0.001 1 美元。投资者失去了一切。

故事最后的转折

被绑架的绑架者

这个故事还有最后一个转折点。有一个人站出来对 Bitconnect 进行投诉。沙雷思·巴特（Shailesh Bhatt）——一个来自印度的房地产开发商，冲进了他所在的古吉拉特邦的内政部长办公室，说有 11 个人（包括 8 个警察）绑架了他并勒索了 200 枚比特币（当时价值 180 万美元）。

巴特在 Bitconnect 上投了很多钱，在 2018 年 1 月骗局崩盘时损失惨重。印度在 2016 年将一些主要的卢比纸币非货币化，导致了经济市场动荡，大量的印度资金流入加密货币，导致印度的比特币价格在某些情况下溢价 25%。随后该国有效地禁止了加密货币交易。因此，当 Bitconnect 崩盘时，那些投资的人，特别是那些没有向当局申报他们的投资的人，就有点进退两难了，不得不使用更有创意的方法来试着拿回其本金。

鉴于此案的严重性，古吉拉特邦的精英刑事调查部门参与了进来。对巴特来说，不幸的是，调查部门发现他的陈述有一些自相矛盾的地方，并发现了大量的欺诈证据，所有这些都导致了 Bitconnect 背后的主谋最终被逮捕。

据称，为了对他的损失和他被绑架一事进行补偿，巴特又在当地警察的帮助下，绑架了几名 Bitconnect 的印度员工。他拿枪威胁前 Bitconnect 推广人员，并勒索了价值 15.5 亿卢比的现金和加密货币，包括 2256 枚比特币的赎金。

那个总能赚钱的机器人呢？它并不存在。这个令人难以置信的交易机器人承诺了提供比任何基金都高的回报，它和其他与 Bitconnect 有关的东西一样，都是捏造的。

骗取投资者数十亿美元的加密货币庞氏骗局又何止一个。我们在第 5 章要讲述一个发生在中国的圈钱最多的加密货币庞氏骗局，以及一个仍在深刻影响加密货币市场的骗局——PlusToken。

第 5 章

不好意思，我们跑路了

170 亿美元的跑路骗局

加密货币史上最大的骗局

骗局的形成

在欧洲一些较大的加密货币骗局走向消亡的时候，加密货币领域最大的庞氏骗局即将开始在中国和亚洲其他国家蔓延。这个骗局直接从投资者那里卷走了60亿美元，并在其创始人跑路前估值一度高达170亿美元，最后却只给投资者留下了一句话："对不起，我们跑路了。"

从2018年6月2日开始，一个新的加密钱包和交易所的相关信息充斥着中国各个社交媒体上的聊天群。从某个不知名加密公司的社区领袖领导的群组开始，迅速蔓延到全中国，并很快通过微信和其他消息应用程序蔓延到了亚洲大部分地区。总的来说，这些群组一开始似乎是无辜的。有人在群里免费提供关于加密货币的基础知识，教用户如何开始购买和交易，并给出一些赚钱的例子。小组的规模都很小，一个聊天室有100到200人，如果有人提出了任何组织者不想提及的问题，就会被踢出组织。很快，PlusToken——该团体背后的公司，开始在中国和韩国举办会议和聚会。不久之后，东南亚大部分地区和遥远的俄罗斯、乌克兰、德国、加拿大等地也办起了活动。

在那些最大的加密货币骗局中，有些事是相通的。就像维卡币和 Bitconnect 一样，PlusToken 背后的组织者知道如何吸引人群。他们的会场里挤满了人，人们渴望了解更多关于比特币和加密货币的流行词汇，以及自己如何开始拥有一些数字货币。PlusToken 全力以赴。现场灯光闪闪、掌声此起彼伏，伴着时尚的韩国 K-pop 音乐。一些与会者表示尽管他们采取了非法的、高压的销售策略，但是他们成功了。越来越多的人加入了该团体。

尽管加密货币市场正在崩盘，但尚未进入加密货币领域的人仍然保持着乐观，希望自己能复制前几年的暴富神话。PlusToken 很容易吸引到这些人。它们发布了迷人的宣传视频，其中有它们的成员，或者说领取报酬的演员，激情澎湃地发表演讲，吸引越来越多的人加入它们的粉丝群和不断增加的聊天群中。这些人——不清楚他们是否有报酬——被当作品牌的代言人，并呼吁 PlusToken 的韩国和中国观众加入他们的群组。似乎没有人注意到（或介意）没有员工（或任何自称为公司员工的人）走到台前。

不过，PlusToken 的领导人似乎有一个明确的计划，而且它很有效：让人们信任他们，建立起他们对高投资回报的期望，然后突然回应他们真正的诉求。群组创建后不久，

PlusToken 的代表开始提及一个投资平台，该平台承诺每月有 6%～18% 的高回报，只要成员先投资 500 美元。

因为是流行词汇，所以肯定是个好项目

“去中心化”过去是、现在也是加密货币中的一个大热门词汇。它被大力吹捧，如果某个东西是去中心化的，特别是如果它使用了区块链技术，那么它一定是好的。在某些情况下，这就是现实。

中心化的机构是出了名的容易被黑客攻击。无数将数据存储在中心化服务器上的公司被入侵，黑客将用户的私人数据共享给所有人看。主流媒体上已经有很多这样的例子了。最近有太多的案例暴露了这一点。Experian、Adobe、LinkedIn 和雅虎都只是其中的一部分，它们向世界展示了当持有大量用户高度敏感（和宝贵）数据的大公司不采取足够的安全措施或不注意保护客户数据时会发生什么。网站经常被攻破，数百万用户的数据被暴露。

在加密货币领域（正如我们即将看到的 Quadriga 和 Mt. Gox 的例子），许多没有采取足够网络安全措施的加密货币交易所被黑客攻击，导致数百万的加密货币投资者失去了他们所有的资金。任何提到“去中心化”这个词的东西都会被认为是安全的。因此，PlusToken 在推出后不久就推出了一个去中心化的加密货币钱包和交易平台，这很有效，是一个完美

的营销策略。

PlusToken 再三保证其平台是安全的，吹嘘它们使用了人工智能技术，并投入了数十亿美元研究安全技术，其核心成员来自三星和谷歌支付的原始技术团队，而且他们的开发是在韩国首尔的研发实验室内进行的。

购买、存储和消费加密货币通常被认为是最困难的事情，在 PlusToken 于 2018 年推出之前的几年里，情况尤其如此。用户体验一度空白；市场上有许多加密货币钱包，但没有一个能提供简单的用户体验。加密货币用户需要一个具有最佳和最简单的用户体验且安全性有保证的加密货币钱包。第一个制造出具有良好用户体验的钱包的公司将创造超额财富。对于有前景的加密货币钱包公司来说，它们曾经（现在也是）有一个巨大的用户群，而且能从每次汇款中获得一笔交易费用。PlusToken 并不是第一个意识到这一点的公司。

PlusToken 及其钱包和交易所都渴望获得更多的用户和资金，以最大限度地适用它们的新钱包。PlusToken 所建立的社区根本没有典型的加密货币早期应用者、投资者或用户，只有那些有着暴富心态的普通人。人们信任 PlusToken，因其是网络社区关系的建立者，该团队毕竟是以科普社区为己任的。当然，这给了他们一个完美的机会来设置科普课程，误导和欺骗社区成员。

智能狗

2015年，PlusToken团队称其开发了一个人工智能机器人，用于套利交易[①]。据称该机器人将专注于不同交易所的比特币和其他加密货币的价格套利。在PlusToken推出时，已经有许多加密货币交易所出售比特币和其他加密货币，价格略有差异，具体取决于销售量、流动性、需求、对交易所的信任，甚至是交易所所在国的监管力度以及购买加密货币的便利程度。通常情况下，价格差异只是名义上的，但一些交易员会在不同交易所之间发送比特币和其他加密货币，在一个交易所低价买入并在另一个交易所高价卖出，并重复这个循环。有些人是手动操作，有些人则借助算法来寻找最佳机会。

加密货币套利交易的风险很大。由于加密货币市场的边缘化和不受监管，实际上没有任何安全性可言：加密货币交易所经常关闭和跑路，投资者很可能成为黑客或其创始人退出骗局的受害者；交易所也可以关闭某些钱包，阻止用户发送或访问某些加密货币；交易很容易丢币，有时在交易过程中就丢失了。套利交易是加密货币交易中风险最高的。

PlusToken似乎并没有对这些风险给予过多的关注。它们告诉投资人，它们的机器人——智能狗（AI Dog），将为每

① 一种买入和卖出资产的交易方式，通常是反复进行，利用不同市场的差价来获利。——译者注

个用户赚钱。智能狗将捕捉不同交易所的每个主要加密货币的价格和交易量——根据 PlusToken 网站的声明——并将自动进行套利交易。人们所需要做的就是将任何价值 500 美元以上的主流加密货币存入 PlusToken 平台。然后智能狗会自动找到最佳的收益率来交易，并将你的加密货币和利润返回到你的钱包。

普通的加密货币钱包，除了存储加密货币并保证其安全外，不会给所有者带来任何其他好处。而 PlusToken 吹嘘，其用户不仅能在钱包中存储加密货币，还能让用户从其持有的加密货币中获得收益。PlusToken 还吹嘘了其钱包的安全性，向用户保证，它们的产品是真正的去中心化的，用户持有的加密货币将被安全地存储在它们的去中心化钱包中。在钱包如何维护其用户的加密货币方面，有一个小因素被 PlusToken 掩盖了。

PlusToken 声称通过套利为其用户赚取利润。根据“套利”的定义，为了让智能狗从套利交易中获益，智能狗将不得不把这些加密货币从用户的钱包中转走，并在不同的交易所之间进行交易，这是加密货币领域已知的风险最大的操作之一，而且很容易丢币。PlusToken 从未解释过它们如何能在将用户的加密货币安全地存储在钱包里的同时，通过对钱包里的加密货币进行套利交易来获利。对于任何有处理加密货币或有加密货币交易经验的人来说，这是说不通的。要安全地存储加密货币，同时在交易所之间发送加密货币进行重复交易是不可能的。PlusToken 背后的人并不以有经验的加密货币用户为目标。他们的目标是那些能够被引导购买比特币并将其发送到他们平台的人。

高收益承诺

“FOMO”（fear of missing out）是加密货币领域又一个流行词汇，意为害怕错过。这种情绪同样适用于 PlusToken。不止一个希望在几分钟或几小时内筹集到数百万美元的加密货币项目利用了这个概念，PlusToken 也不例外。它们向投资者解释说，利用加密货币套利交易的机会只会在短期内出现，很快加密货币市场就会随着投资者更多资金的进入而稳定下来，随后失去波动性，也就没有大钱可赚了。这是很好的高压营销，它让投资者产生这样一种误解：必须立即行动，否则就会错过！

为了让 PlusToken 吸引的大量的人马上采取行动，把钱打到它们的平台，就像维卡币和 Bitconnect 以及其他无数的加密货币骗局一样，它们必须为投资者提供高回报。任何人在平台上保留价值 1000 美元的加密货币，每月将获得 60~180 美元的回报，或在第一年内获得 720~2160 美元的回报，以其自己的数字货币 PlusToken 支付。正如其他所有提供如此高回报的骗局一样，这些回报是不可持续的，也不可能由任何交易机器人可靠地保证，不管它有多好。

凡是承诺高额回报的，都要警惕其是否为“骗局”。但是这些高回报正好出现在加密货币市场疯涨的阶段。从 2017 年年初到 2018 年年中，当 PlusToken 被推出时，加密货币泡沫使一些投资者的投资翻了几百倍。在这种情况下，有些人认为每月 6%～18% 的回报是一个安全甚至适度的保证。这些承诺也发生在过去几年困扰中国和亚洲的多层级传销骗局的背景下。面对同样的投资者，PlusToken 提供的回报对那些渴望发财的投资者来说并无不妥，对那些想要进入看似难以进入的加密货币领域的人来说，也是一根救命稻草。

因此，在推出后一年内，PlusToken 已经从一个不知名的实体变成了拥有数百万用户的大平台，每个人都在平台存入了至少 500 美元。据估计，到 2019 年 6 月跑路时，PlusToken 平台上有 300 万到 400 万（也许更多）投资者的资金。这种快速增长部分归功于它们狡猾的营销，通过所谓的知识普及性微信群和高压营销活动来吸引人群；部分归功于它们的高回报承诺和初期兑付；还有一部分归功于投资者的希望或贪婪。关键是，PlusToken 在发展初期兑付了投资回报，而且有一段时间似乎一切顺利。

丰厚的报酬和充满创意的营销

PlusToken 为其推荐人设置了一个令人振奋的奖励结构。人们需要做的就是在平台上投资至少 500 美元。如果某人的朋友加入并投资了 1000 美元，这个人不仅可以从自己的投资中获得收益，还可以从他直接推荐的每一个人身上获得每月 60～180 美元的额外奖励。如果他推荐了 10 个人，并且每个被推荐人都在平台上投资了 1000 美元，那么除了他自己的月度投资收益外，每月还能从被推荐人那里得到 600～1800 美元收益。

正如我们在维卡币和 Bitconnect 等基于多层级传销的骗局中看到的那样，推荐佣金分了几个级别。PlusToken 将向 10 个级别的推荐人支付推荐佣金。投资者不仅可以从他们的直接被推荐人那里得到报酬，任何人只要其直接被推荐人拉来了新的投资者，此人都将得到新投资者 10% 的投资作为报酬，金字塔结构多达 10 层。即使是那些只是把自己的亲朋好友带进来的人，只要推荐足够多的人，也会获得比自己投入的本金更丰厚的月收入。有些人确实质疑这是否是一个庞氏骗局，但普遍的共识似乎是，只要钱一直涌进来，一切都没问题。

PlusToken 提供的高额推荐奖励激发了投资者一些相当积极的营销和引导行为。其中有人在超市的蔬菜中放置了一个 PlusToken 的标志，他用这个标志来告诉 YouTube 粉丝，现在连超市都接受 PlusToken 代币了。据推测，该超市从未发觉这一事件。

敏锐的投资者在高额佣金的激励下，也开展了自己的招募活动。他们把招募伪装成信息分享活动，让朋友和家人以及他们认识的每个人都投入资金。在不长的时间内，约有 400 万人被他们的朋友、家人、追随者和关系人拉来投资，为 PlusToken 平台带来了大约 40 亿美元的额外资金。其中一些人相信他们可以在该平台发财，但并不关心过程如何。其他许多人认为他们真的在购买比特币和其他加密货币，并相信他们已经找到了一个安全的方式将这些东西存储在一个分散的钱包里，而没有研究该平台是如何运作的，也没有停下来质疑风险。

PlusToken 保持着这样一个假象：该平台获得的一切资金都被用在了开发钱包和交易所上，为的是在下一次泡沫到来时能够主导加密货币市场。投资者越是积极推广 PlusToken，PlusToken 就会给他们越多的奖励，并根据其推荐成果增加报酬，给予褒扬。成员会根据他们的推广成果升级到非常抢手的头衔。“大男孩”和“大神”是最受欢迎的头衔，用来颁给最杰出的招募人员。每个人都想达到这些级别。只要投资者继续投资，该平台就会一直支付报酬，直到投资停止。

隐秘的加密信息

从 2018 年 6 月 PlusToken 推出到 2019 年 6 月，只过了一年时间，就有投资者开始抱怨他们的提现被延迟。一些人在中国的社交媒体上发帖抱怨，说他们的提款请求已经提交了35个小时，但没有得到任何回复。很快，还是在6月份，投资者已经无法再提款。PlusToken的团队最初试图平息这些抱怨，说出现提款问题是因为受到了黑客攻击。

加密货币交易，如向另一个地址发送比特币时，会显示它的发送和接收地址的细节，以及发送了多少钱。有了比特币和其他一些加密货币，就可以在交易数据中留下信息。在最早产生的比特币创世区块中，中本聪（比特币的匿名创始人）在交易中留下了一条信息："《泰晤士报》2009年1月3号报道，财政大臣正处于实施第二轮银行紧急援助的边缘。"比特币的创始人想向世界表明，数字货币的产生是为了应对全球银行系统的失败和操纵。

在PlusToken的创始人跑路时，他们仍然极力从交易所窃取用户的加密货币，将其发送到自己在其他交易所的钱包中。在跑路的过程中，PlusToken的不知名的创始人留下了一条隐藏在他们的一个交易中的信息，风格类似，但没有任何中本聪式的优雅和善意。PlusToken团队留下了这样一条信息："对不起，我们跑路了。"用户共计损失了40亿美元，而创始人和PlusToken团队却跑路了。

在此之前，用户基本上都是看着他们的资金在应用程序上积累，而没有兑现。PlusToken对从账户中转出的任何资金收取5%的交易费。外加对智能狗能赚取更多钱抱有幻想，用户似乎有充足的理由将他们的加密货币留在平台上。

PlusToken 的建立方式意味着投资者无法控制他们钱包里的资产。因此，当创始人退出时，所有用户的资金突然都被锁住了。PlusToken 的所有联络点都已消失。在没有其他选择的情况下，超过 200 名投资人向韩国首尔当局施压，要求对其进行调查，因为人们很快就会发现这是一个规模巨大的庞氏骗局。韩国当局采取了适当的行动，开启了一场全国性的搜捕。对于国际上的许多人来说，这是他们第一次听说这个亚洲历史上发展迅速、规模最大的骗局。

如果这只是人们对该平台的直接投资（总额高达 60 亿美元），那么损失就到此为止，没有其他人会受到直接影响。然而，该代币已经被中国的投资者在 FOMO 情绪的影响下将价格推高到了每枚 340 美元，使该项目总市值达到了 170 亿美元。如果 PlusToken 在主流加密货币信息网站 CoinMarketCap 上市，这将使它成为全球第三大加密货币，幸好它没有。

尽管 PlusToken 团队及其创始人的身份是个谜，但在团队跑路的几天内，中国警方就与瓦努阿图警方在瓦努阿图一起抓获了六名中国公民，并将他们引渡回中国。

虽然被逮捕的都是中国人，但这个骗局的影响范围远远超出了中国。来自亚洲大部分地区以及俄罗斯、乌克兰、德国甚至加拿大的投资者都遭受了损失。PlusToken 的投资者损失惨重。

然而，被抓的人似乎并不是主谋。PlusToken 的头目从未被抓到。据称该项目是由一个叫 Leo 的韩国年轻人领导的，除了一些奇怪的照片外，没有更多的细节，目前还不知道谁是 170 亿美元 PlusToken 骗局的真正幕后黑手。

钱去哪里了

在其他所有的加密货币跑路骗局中，似乎都是创始人拿走了钱。在 PlusToken 中，尚不清楚是谁拿走了这些资金，这正是 PlusToken 的故事开始变得有趣的地方。在瓦努阿图对六名嫌疑人的突击检查本应给警方提供一些线索，但根据警方的报告，并没有。

加密货币分析公司 Chainalysis 追踪到了投资者价值数亿美元的加密货币，他们已经无法接触这些钱，钱被 PlusToken 完全控制了。关于加密货币的一个显著特点是，除了一些注重隐私的加密货币隐藏交易外，大多数加密货币（如比特币和以太币）的所有交易都可以在区块链上公开看到。这使得加密货币分析公司很容易跟踪与 PlusToken 钱包相关的数字资产，并注意到是否有人移动过这些代币。

对于旁观者来说，确实值得警惕的是，自 2019 年 6 月该项目被叫停以来，PlusToken 的抛售与比特币和加密货币的价格在不同时期的暴跌存在直接的联系。这个骗局可能已经被制止了，但有很多被盗的加密货币仍然下落不明，被其头目控制。他们仍然可以在任何时候出售这些加密货币，使整个加密货币市场进一步崩盘，进而影响到每个人。

同一团队复制的第二个骗局

又一个骗局：价值 10 亿美元的山寨骗局

就在 PlusToken 开始的一个月后，一个新的多层级传销加密货币骗局在中国诞生了。

WoToken 自称是一个智能加密货币钱包，可以为用户带来高额回报，而不需要他们做任何工作；他们只需要投资一些资金，该平台就会神奇地让他们致富。虽然回报率低于 PlusToken，但除了那些习惯了多层级传销骗局承诺的收益率的人，其他任何人都会意识到这是一个骗局，而这些骗局在亚洲部分地区已经变得很普遍。

那些投资 1000 美元的人被承诺每天有高达 0.5% 的回报，每年有高达 182.5% 的回报。那些投资 5000 美元以上的人将获得高达 0.65% 的日回报或 237.25% 的年回报。鉴于高于个位数的年回报率已经被认为很高了，这些回报率基本上是不可能保证的。然而，正如我们所看到的，一个又一个的骗局都是这样保证的。和 PlusToken 一样，WoToken 声称其用户的收益来自算法交易机器人。也正如 PlusToken 一样，它从未设法证明这些机器人的存在。二者还有其他一些相似之处，即它也向其合作伙伴提供慷慨的推荐佣金，这是加密货币骗局中惯用的手段，即利用合作伙伴带来尽可能多的受害者。WoToken 还使用了一些相当有创意的营销手段。该网站声称与一家万事达卡发行公司 Global Cash 合作，这将使它们的用户能够将其存储在 WoToken 钱包中的加密货币花出去。为了证明这一点，它们在网站上写了万事达的字样，但却没有万事达卡的标识。显然，它们与万事达公司并没有任何合作关系。简而言之，它从外表到行为与 PlusToken 完全一样。

值得庆幸的是，中国警方只用了几个月的时间就意识到了这个骗局，仅仅一年多之后，到了 2019 年年底，许多投资者就开始抱怨无法提现，之后这个骗局就被取缔了。到 2019 年年底 WoToken 应用停止运营时，它已经从 71.5 万名个人投资者那里骗取了超过 10 亿美元，利用“超级大的多层级传销网络”将投资者的钱卷走了。在 PlusToken 倒闭后不到两年，中国警方就打掉了第二个几乎完全复制了 PlusToken 的、涉案金额超过数十亿美元的加密货币庞氏骗局。有六人因这一最新骗局被捕并被判刑，其头目似乎直接来自 PlusToken。任何犯罪分子能够从一个如此规模的骗局脱身都是不可思议的，更不用说两个了。

2020 年 7 月，在 WoToken 被关闭后，109 人因涉 PlusToken 案而被捕，包括 82 名骗局的关键成员和被认定为核心团队成员的 27 人，他们都被认定为主要犯罪嫌疑人。根据该骗局的规模和复杂程度，应该还有多人在逃。现在还不知道 PlusToken 幕后到底有多少人，以及他们到底能从人们身上骗取多少钱并保留下来。更多的加密货币从一个不知名的钱包中被卖掉，导致加密货币市场再次崩盘。

或许，投资者被同一个团队的成员实施的第三个超过 10 亿美元的加密货币庞氏骗局所欺骗只是时间问题。骗子们正在重复他们在 PlusToken 学到的技巧。

第 6 章

诈死，消失的百万美元和掘尸的请求

Quadriga 交易所的成立与发展

2018 年 12 月，加拿大一家加密货币交易所的创始人在印度度蜜月时突然死亡。在该交易所存储了 2.5 亿美元资金的用户本不应该为此担心。但事实上，只有创始人杰拉尔德·科顿（Gerald Cotten）才能接触到这价值 2.5 亿美元的钱包。很快就有消息称，大多数人并不相信他真的死了。加密货币社区和广大用户认为他是诈死，并要求进行尸检。联邦调查局在随后的几年里进行了调查，至少向一位与此案有关的人询问了足够的问题，并表明他们也排除不了杰拉尔德还活着的可能性。而整个案件现在被认定为犯罪，从一开始就是一个骗局。数月以来，该交易所一直面临着诸多银行业务和提款的投诉，以及众所周知的严重缺乏流动性的问题，随后创始人就神奇地死亡了。大多数人关心的是杰拉尔德·科顿把投资者的钱藏在了哪里，以及这个看起来经过精心设计的骗局是如何在加拿大监管部门的关注下发展得如此之大的？

微笑的男人

大学毕业几年后，一个脸色苍白、金发碧眼、以几乎永久微笑著称的男人搬到了温哥华，加入了当时正在兴起的比特币社区。而此时科顿参加了当地的聚会，认识了早期比特币社区中的一些人，并希望能更多地参与进来。

比特币社区往往是由那些对算法设定的数字货币，以及不受国家或中央银行系统控制或操纵的货币系统的好处有兴趣的人组成的。科顿的兴趣不在于此，他看中的是这种不稳定的新货币的投机潜力。

一个早期的比特币投机者可以通过几种方式参与到这个领域的工作中来。创建一个加密货币交易所可能是风险最大、最难做到的，但那是早期，监管还没有发挥作用，不是每个人都认为法律对他们适用，杰拉尔德·科顿就是其中之一。在那些日子里，购买比特币很困难。Mt. Gox（我们在第 7 章将看到的陷入困境的加密货币交易所）此时仍在强劲发展（至少在外界看来是这样），但它的总部在日本。科顿想创建一个位于加拿大的交易所。

科顿创立的交易所 QuadrigaCX，在早期给加拿大的比特币社区带来了一丝希望。Quadriga 成立于 2013 年 11 月。作为一家新的本地比特币交易所，它很快就赢得了手续费低、快速和安全的声誉。最重要的是，交易所的工作人员为自己是加拿大人而自豪，并在营销中发挥了他们的优势。这能出什么问题呢?

人人都爱比萨饼

在早期，Quadriga 要脱颖而出并不难。在比特币交易方面，能提供好的用户体验的服务很少，而且获得早期用户也不难。在参加当地的加密货币聚会时，科顿已经成为温哥华比特币合作社的董事，这使得他很容易结识用户群体。

参加一般的加密货币活动，成群结队的学生和对这个领域感兴趣的人都爱吃比萨饼，这些比萨饼外卖盒基本上都由一两个本地赞助商提供。与会者围在这些箱子周围，吃着比萨饼，喝着免费的啤酒。

在最初的几年里，能支付活动费用的潜在赞助商是有限的。加密货币实在是太小众了，还没有作为一种资产类别被广泛信任或接受。科顿仅通过赞助当地的加密货币活动，就为 Quadriga 赢得了用户忠诚度。给人们提供免费的啤酒和比萨饼是赢得追随者的最常见的方法之一。赞助商在每次聚会中花费 500～1000 加拿大元，但换来了信誉，以及活动组织者和当地社区的依赖性；在那些日子里，根本没有其他公司愿意赞助加密货币活动。随着时间的推移，赞助这些活动赢得了人们的信任和稳定的投资者用户群，他们把钱存入新交易所，购买并持有比特币。

被黑客包围

刚开始，Quadriga 很幸运。它的竞争对手——行业的其他交易所都被黑客攻击过。2014 年初，就在 Quadriga 启动六周后，Mt. Gox 作为当时世界上最大的交易所（承担了全球 70% 的比特币交易），最终因黑客攻击而暂停运营。世界第二大交易所 Vault of Satoshi 和加拿大当时最大的交易所 CaVirTex 也在不久后突然关闭，并将责任推给黑客。这两个事件前后相隔不到一周。

Quadriga 几乎在一夜之间成了加拿大主要的比特币交易所，获得了大量新用户。科顿以前从未经营过加密货币交易所，而且他对加密货币了解不多，基本上无法应付。Quadriga 也发生过一些问题（如与无良的支付处理商合作导致资产被盗或丢失；没有进行审计，无法确定比特币的合法所有者；最终造成了数千万加拿大元的损失；等等），但该交易所从比特币的疯涨中赚到了钱，用户群持续增长。自 Quadriga 成立以来，比特币的价格从每枚几百美元飙升到超过 2 万美元。在市场的高峰期，用户在该交易所存放了价值近 20 亿美元的比特币。

创始人的奢侈生活与离奇死亡

奢侈之旅

Quadriga 有一个办公室，但大多数人认为这是一个幌子。

科顿喜欢在他的 Macbook Pro 电脑上单独运行交易所。随着比特币的疯狂兴起，他从每笔交易中获得手续费分成，很快就发了财，过起了驾驶飞机到处跑的奢靡生活。

科顿和他当时的女友詹妮弗乘坐私人飞机在世界各地旅行，住在世界上最豪华的一些地方。詹妮弗的 Instagram 上充满了从阿曼到马尔代夫、迪拜和缅甸等地的照片，并经常使用 # 奢侈之旅的标签。

2017 年夏天，随着比特币价格的上涨，科顿和詹妮弗买了一艘船。加拿大新斯科舍省的桑尼布鲁克游艇经纪公司（靠近科顿在哈利法克斯的家）有着很多衣着光鲜的精英人士客户。加拿大《环球邮报》（*The Globe and Mail*）对这一骗局进行了深入调查，并采访了该经纪公司。他们说，科顿那天很显眼，穿着皱巴巴的衬衫、短裤和破旧的勃肯鞋，坐在一辆特斯拉汽车里。游艇的预算对他而言并不是问题。他想要一艘大船，一艘大到可以航行到加勒比海而不必在加拿大或美国停留加油的船。他选择了一艘价值 60 万美元的 Jeanneau 51，有三个船舱和一个游泳平台，并开始在当地的一些岛屿上学习驾船技术。当他航海的时候，詹妮弗和她的两只吉娃娃就在甲板上晒太阳。

那年夏天，他买下了其中一个岛屿，上面有四英亩[①]的

① 1 英亩约合 4046.86 平方米。——译者注

松树和海滩。科顿在岛上清理了树木，建了一座房子，但似乎从未搬进去住过。他还拥有另外三栋房子，分散在加拿大的某省，还有 14 处出租房产。科顿还有一架赛斯纳飞机，价值约 50 万美元，但他很少使用。除了特斯拉汽车之外，他还有一小批豪华汽车。

不管怎么说，旅行、船只、飞机和女朋友似乎都比经营加密货币交易所要刺激得多。

他真的死了吗

2018 年 11 月，科顿立下遗嘱，然后与詹妮弗结婚，前往印度德里度蜜月。这对夫妇住在北印度一些最豪华的酒店，在泰姬陵等地的主要观景点拍照。12 月 8 日，他们乘坐的飞机在斋浦尔着陆，在机场被一辆奥迪 Q7 接走，入住 Oberoi Rajvilas 酒店。这家酒店是一座豪华的现代宫殿，房间的价格高达每晚 1000 美元以上。任何看到这对年轻夫妇的人都会觉得他们过着梦幻般的生活，充满了用钱才能有的体验。

在入住 Oberoi Rajvilas 酒店后不久，科顿抱怨说肚子疼，随后被送到附近的一家私人医院，他被诊断为急性肠胃炎。他有潜在的疾病，曾患有克罗恩病。在他抱怨胃痛的 24 小时内，他的病情恶化了，心跳停止了两次，最终死了。但许多人不相信他真的死了。

这个所谓的死人的尸体引发了一系列的混乱。

科顿接受治疗的私人医院将他的尸体送回了他所住的酒店。酒店将尸体送去防腐。尸体防腐师拒绝接受来自酒店的尸体，理由是尸体上没有提供关于死因的信息。医院为什么不直接将尸体送去防腐，目前尚不清楚。尸体最后被送往当地一所州立医学院，那里不会过问太多死者的信息。第二天，他的遗孀将尸体运回了加拿大，于 2018 年 12 月 14 日在他的家乡哈利法克斯以闭棺式葬礼下葬。

詹妮弗过了一个多月才在 Facebook 上宣布科顿的死讯。为什么要等这么久，为什么要掩盖他的死讯，我们不得而知。在这段时间里，Quadriga 又入账了新投资者数百万美元的资金，却没有归还任何资金。它们似乎不认为应该停止接受新资金，尽管交易所内部几乎已经停止了运行。

重大的托管问题

加密货币可以通过几种方式进行安全的存储。任何合规的加密货币交易所要做的第一件事，就是在假设创始人死亡的前提下建立安全的备份。这是一个行业标准的基本行为，是不用想就应该去做的。任何一个好的加密货币交易所都不会只依赖一个人保管资产，这怎么可能！主要是因为加密货币的风险实在是太高了。

加密货币交易所的一个好处是，它们在理论上应该为你的加密货币资产提供安全的（尽管是临时的）存储。当向 Quadriga 发送加密货币时，你就等于签字放弃了对你的加密货币的控制权。它不像你自己保管加密货币那么方便，在 Quadriga，你必须发起提款交易请求。如果他们不能在第一时间处理你的提款，基本上就只能怪你运气不好。

加密货币可以通过密码（也就是私钥）安全地存储。如果你有私钥，你就可以访问你的加密货币。如果你没有，加密货币不是一个银行，不能通过打电话或在线修改你的密码。虽然一些较新的加密货币存储设备和交易所提供客户服务，但早期的加密货币并没有。如果你丢失了私钥，特别是在早期，你就失去了你的加密货币。有数以百计的故事讲述了人们如何丢失了他们的私钥，或意外地扔掉了存储加密货币的设备，并因此失去了一大笔财富的。当时没有（现在也没有）任何补救措施。

任何一个好的加密货币交易所都不会将自己和客户的大部分资产存储在网上。即使是在 Quadriga 时代的加密货币行业早期，也有许多其他更安全的加密货币备份方法。而科顿却把 Quadriga 价值 2.5 亿美元的全部客户资金存储在只有他能访问的钱包里。

Quadriga 自称会为用户的加密货币提供安全存储；用户也相信它能安全地存储他们的加密货币。共有 7.6 万人在

Quadriga 存储加密货币，并进行短期交易。他们的每笔交易都支付了手续费以换取资产的安全。科顿多年来一直在接触比特币，并经营着最大的加密货币交易所之一，该交易所存储了价值数十亿美元的比特币，他比大多数人更了解安全和私密存储加密货币的重要性，也知道安全存储加密货币的方法。2014 年，他在一次采访中说，他把私钥写在纸上，放在银行的保险箱里。他还警告人们丢失私钥的后果："在某种程度上，这就像烧钱一样""即使是美国政府，拥有世界上最大算力的计算机，如果你失去了私钥，也无法找回这些币。"他不是一个会低估备份重要性的人，因为他是通过收费来保护用户大量的加密货币的。

在交易的整个过程中，Quadriga 在如何存储加密货币方面对用户撒了谎。它向用户保证其资产是安全存储的，而事实上，这些资产是在线存储的，这使得数以亿计的客户资金很容易被入侵，而且科顿也很容易监守自盗。没有独立的客户账户，所有 Quadriga 的资金都进入了一个大的中央资金池。科顿似乎有权把这些资金当作他自己的资源来使用。

科顿是唯一拥有交易所 2.5 亿美元资金私钥的人。没有私钥，就没有人能够接触到这些钱。除非有人能找到科顿，否则就意味着投资者价值 2.5 亿美元的加密货币凭空消失了。

疑点重重，多路力量展开调查

监管部门介入

科顿死后，用户才发现只有他持有私钥。新斯科舍省最高法院宣布 Quadriga 破产，并指定安永会计师事务所为 Quadriga 的债权人取回损失的数亿资金。然而，传统的执法部门完全不了解情况。他们不了解加密货币，缺乏相应的基本知识。与他们交谈的加密货币专家对此感到震惊。

安永会计师事务所作为指定的管理人，也犯了一系列令人印象深刻的错误。它们根本不知道如何去寻找（或找回）丢失的加密货币资金。安永会计师事务所的任务是找回被困在 Quadriga 钱包里的部分（最好是全部）加密货币；由于只有科顿拥有私钥，钱包现在无法访问。最让人哭笑不得的是，安永会计师事务所确实设法获取了 Quadriga 剩余的一些仍可使用的加密货币资金，但它们没有将这些资金转给投资者，而是设法将价值 100 万美元的资金发送到科顿的一个钱包里，而它们却没有访问该钱包的私钥。

加拿大皇家骑警、联邦调查局和至少其他两个未披露的执法机构也受命负责调查该事件。然而，与 Quadriga 的技术专家和愤怒的投资者在社区团体和社交媒体上发现和分享的信息相比，他们的发现很渺小。

在科顿死亡前的数月里，Quadriga 一直面临着诸多问题，包括被用户投诉无法提取资金。当银行和执法部门在他死后展开调查时，才发现很多事情并不像看上去那样。

投资人介入

Quadriga 大约有 7.6 万个账户持有人。当交易所倒闭时，他们的投资都打了水漂。几乎所有加拿大的加密货币专家和爱好者都在 Quadriga 上持有一些比特币，有的价值数百美元，而有的投入了毕生积蓄。这 7.6 万人中有许多是早期的加密货币采用者，都是很聪明的人。他们了解加密货币是如何运作的，其中一些人是加拿大的技术高手。当涉及深层次的加密货币研究时，这些投资者知道他们在做什么。毕竟，这些人中有许多人都了解了加密货币，并且在购买比特币较难的时候就已经设法购买了比特币。

这些投资者很愤怒，并且有更多加密货币社区的人感到被背叛了：自称是社区的一部分的交易所欺骗了他们。当时加密货币作为一种资产类别刚刚开始增长并被主流接受，声誉就是一切。

在这些人中，约有 500 名加拿大的科技精英在 Telegram 上组建了一个聊天组。Telegram 因比其他信息平台更具隐私性而受到了许多加密货币用户的青睐。他们打算开始自己的私人研究调查，想了解 Quadriga 到底发生了什么。每个人都在发问："科顿在哪里？""加拿大最大的比特币交易所怎会变得如此糟糕，损失了这么多投资者的钱，并且就发生在加拿大执法部门的眼皮底下？"这个群组经常进行头脑风暴。不仅 Quadriga 的投资者经常访问，记者和执法者也经常访问它。这 500 人聚集在一起，其中许多人认识 Quadriga 背后的人，经过研究、信息分享和调查，一些非常有趣的细节开始显现。

疑点重重，科顿在哪里

投资者越是深入了解此案，他们的恐惧感就越强烈。Twitter 和社交媒体上的信息铺天盖地。一个疑点被反复提及：大家都强烈怀疑科顿没死。

随着有关科顿死亡的信息的泄露，Quadriga 公司的债权人开始提出质疑。最早出现的事实之一是，死亡证明上写错了他的名字。拉贾斯坦邦经济和统计局在他死后两天签发的死亡证明将他的名字写成了 Cottan；此外，就在此前两个月，经营 Fortis Escorts 医院（Cotten 接受治疗的私人医院）的公司的前主席和总经理被判犯有财务欺诈罪，这一情况使一些人怀疑这涉及腐败交易。这一切看起来很不对劲。人们开始怀疑死亡证明和其他证明文件的真实性，因为在这个国家，你可以很容易地买到伪造或经过篡改的文件证明。

至少可以说，科顿之死存在蹊跷。

虽然科顿的死因被记录为与其之前患有的克罗恩病有关的并发症，但治疗他的肠胃科医生贾杨特·夏尔马（Jayant Sharma）博士仍在思考那起死亡。“我在脑海中多次重温了它。我们做了我们能做的一切，”他说，“我们不确定这一诊断。”夏尔马告诉英国《电讯报》（*Telegraph*），他很惊讶科顿的病情恶化得如此之快，并承认没有后续的治疗手段。目前还不清楚他本人是否查看了尸体。他说：“现在想来，我本应下令进行尸检或验尸。”夏尔马告诉《电讯报》，他与一名医生谈过，后者说他看到了尸体，但警方没有进行调查。这可能是真的，因为医生要处理成千上万的尸体，所以当时可能不会过多考虑这些事情。我们可能永远也无法知道真相了。

杰拉尔德·科顿仍然活着，这对已经越来越多的质疑声来说无异于火上浇油。很快就有消息说他在去印度的 4 天前，也就是死前 12 天才写了一份遗嘱。遗嘱共涉及价值 1200 万美元的资产：房子、出租房、飞机、汽车和船，还有 10 万加拿大元用于照顾詹妮弗的两只宠物吉娃娃。

蹊跷的是，Quadriga 在市场高峰期存储了价值 20 亿美元的投资者资金，而科顿的遗嘱中却没有提到与这些投资者资金的钱包或存储有关的内容。这让投资者感到震惊。

科顿不仅没有在遗嘱中为 Quadriga 的资金做任何规划，而且也没有备份只有他知道的私钥，这让人们对交易所产生了更严重的怀疑。

于是，调查全面展开。联邦调查局、加拿大执法部门，以及 Quadriga 数以百计的感到被背叛的、愤怒的投资者各自平行地展开了工作，发现了比任何人想象的都要多的线索和证据。

创始人有两个，他们都是骗子

秘密的罪犯创始人

社区扒出了一个 Quadriga 没有公布的事实：科顿并非其唯一的创始人。

迈克尔·帕特林（Michael Patryn）在交易所成立之初就出现在了温哥华的比特币舞台上，但在那时他并不被人喜欢或信任。与科顿不同的是，帕特林以微笑著称，他自称是 Quadriga 的顾问。通过与 Quadriga 的比萨饼赞助活动联系起来，帕特林才让自己受到了一点喜欢。约瑟夫·温伯格（Joseph Weinberg）现在是几家数字货币企业的创始人，他当时是 Quadriga 赞助的温哥华比特币合作社会议的学生和参会者，他说："很快大家就发现，迈克尔不是他自称的那个人。有时他介绍自己来自印度，有时他会说他来自巴基斯坦，或来自意大利。他可能是某个组织的人，知道自己在做什么，这也不是他的第一次冒险。"

自从科顿死后，帕特林就试图与 Quadriga 保持距离。在科顿死后的 Telegram 聊天群里，他说自己是几年前在网上认识科顿的。

一些债权人放弃了空闲时间，通过追踪经过加密的消息系统和被删除的论坛帖子，以及加拿大《环球邮报》做过的一个详细调查，他们发现了一些更邪恶的事情。

2003 年，爱德华（Edward）和布莱恩·克拉森斯坦（Brian Krassenstein）兄弟俩推出了一家名为 TalkGold 的影子地下网站。TalkGold 是庞氏骗局和骗局制造者的天堂。网站上有关于所有最新骗局的帖子，其核心是一种叫作 HYIP（high-yield investment program）的庞氏骗局，即高收益投资项目，投资者被承诺将获得不现实的高额回报，然后用新投资者的钱支付给他们。该网站会教你在何时进入和退出这些骗局以获得收益，如何运营一个骗局，甚至如何创作属于你自己的庞氏骗局。TalkGold 一直活跃到 2016 年，当时国土安全部去了兄弟俩在佛罗里达州迈尔斯堡的家，查封了其资产和财务记录以及 50 万美元，并关闭了该网站。

正是在 TalkGold 以及逐渐在其他类似的网站上，人们发现了杰拉尔德·科顿的身影。15 岁的科顿发现了这个网站，以用户名“Sceptre”登录，并在接下来的 10 年里研究和学习了诈骗的艺术：如何提高希望，如何吸引投资，如何和何时开始诈骗，如何和何时退出，以及最重要的是，如何在行动时掩盖自己的踪迹。

当时 21 岁的迈克尔·帕特林已经在 2003 年加入了该网站，比科顿早了三个月。两人都是 TalkGold 网站的常客，也都在其他诈骗推广网站上发表过文章。他们经常回复和评论对方的帖子。不久之后，两人都开始试图诈骗对方。这似乎是为了好玩，也是为了把他们学到的东西付诸实践。他们显然对对方的诈骗手法印象深刻，于是开始了合作。

实践骗局

科顿学得很快。同年 12 月，年仅 16 岁的他就建立了自己的 HYIP 诈骗网站，并于 2004 年 1 月 1 日启动了他的第一个金字塔计划——S&S 投资公司，承诺在 1～48 小时内提供 103%～150% 的高额回报，这听起来很不靠谱。在三个月内，该计划从新客户那里获得的资金已经用完，无法偿还其 200 名投资者，因此科顿不得不在网上发出威胁，为自己争取时间。

他在一个帖子中警告投资者“如果有任何形式的威胁……就说明你不希望收到退款，而你也不会收到退款”。甚至在他的第一个骗局结束并带走大部分客户的资金之前，科顿就开始了他的下一个骗局——幸运投资。

当科顿的各种骗局企业倒闭时，都是帕特林在为他辩护。科顿还发起了其他几个骗局，他用假名并隐藏了自己的位置，并不止一次让自己陷入困境。科顿和帕特林后来各自进行了更复杂的诈骗，在网上聊天室里互相为对方辩护，他们甚至会冒充对方平台的客户，欺骗他人进行投资。

2004 年，美国特勤局以身份盗窃罪逮捕了一个叫奥马尔·达纳尼（Omar Dhanani）的人。奥马尔承认犯有密谋转移被盗身份文件罪，并被判处 18 个月的监禁。2007 年获释后，他被驱逐到加拿大。一到加拿大，由于一些说不清的原因，奥马尔·达纳尼将他的名字改为他在网上用于诈骗的名字。首先是奥马尔·帕特林，然后是迈克尔·帕特林。

专业洗黑钱

2013 年，一个名为自由储备（Liberty Reserves）的平台和伪数字货币被美国当局查封并关闭。这是美国历史上最大的洗钱案。自由储备可被视为犯罪分子的 PayPal。Midas Gold 是一家与其合作的第三方交易所。Midas Gold 和 Liberty Reserve 服务于一个重要目的：为贩毒集团、人贩子和庞氏骗局洗钱。

Midas Gold 在其注册文件中列出了一个联系人：gerald.

cotten@gmail.com。这是科顿和帕特林的第一个真正合作的项目：一个大规模的洗钱行动。他们从每笔交易中抽成。

在科顿和帕特林参与的 Liberty Reserves 和 Midas Gold 的活动结束后，二人又进行了一些骗局和洗钱活动的尝试。一个具有 HYIP 庞氏骗局所有特征的新企业随后存在了六个月之久。在一个 Facebook 页面上有一个假的测试视频，是一个自由职业者网站的演员拿了 5 美元的报酬后定制的。该 HYIP 骗局可能是由 Liberty Reserves 的非法数字货币和比特币共同创建的。Quadriga 基金会使用由帕特林运营的支付处理器，这也是科顿投资的最新项目。在推出不到三个月后，Quadriga 基金会就消失了。取而代之的是 QuadrigaCX，加密货币交易所就此开始运行。

加拿大最大的加密货币交易所是怎么在执法部门的监督下出问题的

到 2015 年，尽管有比特币社区的大力支持，但一些执法部门已经盯上了这个交易所。帕特林傲慢地吹嘘他洗钱的能力，这对他们的案件来说显然是不利的。但针对帕特林的犯罪历史和已知的与有组织犯罪的联系的质疑和投诉并没有升级。

Quadriga 的成功在很大程度上要归功于科顿。人们喜欢他，信任他，认为他是在为当地的加拿大社区经营着交易所。

帕特林显然知道交易所存在问题，并试图将交易所消亡的责任全部推给科顿，他说："2016 年 1 月，在所有员工、董事和股东离开后，科顿对公司的运营就不再具有道德和合法性了。"而不久前，Quadriga 私募了近 85 万加拿大元。在与其中一位投资者发生争执后，整个董事会和联合创始人帕特林都离开了，只留下科顿作为 Quadriga 的唯一全职员工，独自负责交易所。不幸的是，这对交易所的投资者来说，不是一个好结果。

投资人的钱都去了哪里

钱已经不见了吗

当其公开投标失败后，科顿对其内部的记录不再做任何掩饰。此时，Quadriga 的用户开始抱怨无法提取资金。原因很快就浮出了水面。区块链专家和调查人员在科顿被宣布去世后查看了 Quadriga 的所有钱包，钱包竟是空的。正如《名利场》（*Vanity Fair*）所总结的那样："我们现在知道，科顿最晚在 2015 年就开始窃取客户的资金了。"

科顿告诉他的家人，他已经为 Quadriga 设置了一个保障措施，以防他发生不测。他们将会收到一封电子邮件，其中有进入账户的细节，以及向投资者退款的操作方法。当然，没人收到邮件。实际情况是，有 76 319 个人前来讨要他们放在 Quadriga 的价值 2.146 亿美元的资金。安永会计师事务所预计，他们最多可以收回 3500 万～4000 万美元，大部分来自该平台持有的美元资产，包括科顿的遗孀詹妮弗同意交出的 900 万美元的资产。这些用户在加密货币领域的运气并不是那么好。

钱都去哪里了

在交易所消亡前，科顿确实向一些投资人支付了款项，主要是赔付给那些在网上论坛中发声最多的人。这些款项都是以现金支付的，通过纸袋子或银行票据箱邮寄。现金问题并不足以让科顿规避法律。作为一家在加拿大运营的加密货币公司，Quadriga 一直无法获得银行账户。

其余的钱最终去了哪里？看起来科顿确实有几招，他把投资者的比特币尽可能多地从交易所转移到他自己在其他交易所的私人钱包里。根据安大略省证券委员会的计算，Quadriga 的 1.15 亿美元资金是由于科顿在他自己的交易所进行欺诈性交易而损失的。根据报告，他在 Quadriga 上为自己开了 14 个假账户，用假名进行大量交易。并非所有的钱都在交易中损失了。调查表明，科顿基本上只是把大客户的资金直接转移到他自己的钱包里，然后再转移到其他交易所。

许多加密货币交易所都有制造假账户的习惯，以模拟增加交易量。Quadriga 这样做并不奇怪，科顿甚至在 2015 年的报告中披露了这一点。然而，与其他伪造交易量的加密货币交易所不同的是，科顿在这方面更胜一筹。

加拿大奥斯乐律师事务所（Osler Hoskin & Harcourt）的诉讼律师埃文·托马斯（Evan Thomas）报告说，最晚从 2016 年开始，科顿就一直在创建假账户。他不仅创建假账户并在这些账户之间交易真正的比特币，而且还创建和交易假的比特币（即交易并不存在的比特币）。正如现在广为报道的那样，他实际上是通过交易虚假的比特币来增加交易量，在 Quadriga 上创建假账户来显示不存在的比特币数量。当 Quadriga 的客户卖出真正的美元或加密货币时，科顿会进行模拟交易，用他的假比特币来换取现金，为自己无成本地积累更多资产。科顿拿着真的比特币和美元，把假的比特币留在客户的账户上。在他失踪之前，科顿做了大约 30 万笔这样的交易，每次交易都抽走了投资者的一部分比特币和钱，为自己赚取了大笔资金，并耗尽了 Quadriga 的储备。

用其他人的钱赌博

除了在自己的交易所通过虚假交易换走客户的真比特币，科顿还动用客户的保证金交易账户做了 6.7 万次高风险和鲁莽的交易，通过其他竞争对手的交易所，把大量的比特币押在不稳定的加密货币上，最终导致比特币在递增的费用、交易和高波动性中丢失。看起来他就是这样损失了客户的 2800 万美元，这些钱从来都不是他应该动用的。这些操作是为了挽回已经损失的投资者的资金而做出的绝望尝试吗？也许吧。更有可能的是，鉴于他已经抽走了这么多钱到自己的账户上，这些操作更应该是他贪婪的表现，妄想赚取更多的钱。或者，就像联邦调查局网络犯罪部门的首席调查员珍妮弗·范德·维尔（Jennifer Vander Veer）向加密货币专家提出的设想那样：这些疯狂的交易本身就是为了洗钱，把比特币藏在这么多交易和不同的加密货币之后，以便日后随意动用加密货币而不被调查人员追踪。

加拿大《环球邮报》也发现，科顿曾经通过离岸交易清算了价值 8000 万美元的比特币。据推测，这些钱有一部分来自 Quadriga 的客户资金。这些钱没有被收回。

科顿曾提到在他的阁楼上有一个拴在椽子上的保险箱。据说他在这里存放了很多控制交易所股东资金钱包的私钥。科顿的一个承包商知道这一点，在得知他的死讯后，就去了科顿的房子。椽子上的四个洞意味着保险箱的螺丝被拧掉了，保险箱也不知所踪。

埃里克·施莱茨（Eric Schletz）曾向科顿出售塞斯纳飞机。他们在新斯科舍省的小英俱乐部相识。埃里克说：“我曾看到科顿带着 5 万美元的现金穿过机场。”有照片显示科顿的家中存放着大量现金。科顿多次出国旅行，甚至吹嘘说从未被海关搜查过。看起来至少一些投资者的资金是以实物现金的形式被科顿带走的。通过一次又一次的旅行，科顿在世界各地的外国银行账户中藏有安全的现金。如果他像许多人认为的那样，仍然活着的话，他就可以在不透露真实身份的情况下生活。

现在还不知道科顿是否活着。如果活着，他在哪里，他以什么身份活着？如果他还活着，他就可以获得相当多的资金，至少足以让任何人购买一个新身份。当然，他完全有可能真的死了，尽管整个加密货币行业不这么认为。众所周知的是，在提现失败太多、诉讼和质询开始后，交易所受到了正式调查的威胁，科顿才写了遗嘱，随后去了印度，才有了一份拼写错误的死亡证明和一个棺材被送回加拿大的故事。

最终的调查结果

我们要验尸

2019 年 12 月 13 日，代表交易所用户的律师事务所发函要求加拿大皇家骑警挖出尸体。他们认为有必要进行尸检，以“确定其身份和死因”。这一要求让加拿大皇家骑警承受了很大的压力，债权人担心，如果确实有一具尸体，那么再过一个夏天，它就会腐烂得无法充当证据。

新瓶装旧酒式的诈骗

对 Quadriga 的新调查得出了一个明确的结论。Quadriga 事件并不是由一连串的错误、坏运气或糟糕的会计造成的。正如安大略省证券委员会（Ontario Securities Commission，OSC）推测的那样："Quadriga 公司发生的事情是用现代技术伪装的老式欺诈。"

> 到科顿去世时，该平台欠客户约 2.15 亿美元，却没有资产来支付这些债务。到 2016 年 11 月，科顿向该平台注入了大量的虚假资金。交易所破产几乎是板上钉钉的事了。然而，直到它最终被新董事关闭，Quadriga 从未停止过接收新客户和新存款。

调查显示，随着科顿资金的耗尽，他开始用新投资者的存款为旧投资者提供资金。加拿大的监管机构 OSC 悲哀地总结道："实际上，这意味着 Quadriga 的运作就像一个庞氏骗局。"一个传统的、老式庞氏骗局，从一开始就是一个骗局。如果科顿还活着，Quadriga 很可能会不可避免地走向灭亡，只有整个悲剧事件的幕后黑手能解开更多的谜题。

第 7 章

Mt. Gox

黑客，被盗的数十亿美元，以及没被授权的交易机器人

世界上最大的加密货币交易所

就这么没了

Mt. Gox 加密货币交易所的兴衰并非骗局，更多的是一系列的黑客攻击、管理不善、坏运气和失误，最终导致这个在加密货币历史早期最富有的交易所失去了一切。在三年内，Mt. Gox 从占有 80% 以上的加密货币交易走向了破产，钱包被掏空了。然后在一个更离奇的命运转折中，由于比特币价格的急剧上升，交易所又有钱了，即使其四分之三的比特币被盗，它依然有能力数倍偿还其投资者的资金。但由于日本的破产法，它仍在与法院进行法律争论。Mt. Gox 曾是加密货币史上最大的盗窃案和涉案金额高达数十亿美元的洗钱活动的受害者。

如果你在 2014 年之前持有加密货币，你有可能至少在 Mt. Gox 持有部分比特币，这意味着全世界几乎所有早期的比特币投资者都受到了影响。至今仍不太清楚的是 Mt. Gox 是如何在遭受如此多的黑客攻击、泄密，并在管理不善的情况下，依然正常运营，没有发现不对劲，直到为时已晚的。

到2014年2月，在成立不到3年的时间里，Mt. Gox已经积累了超过80%的比特币交易量。某天，它们检查了其比特币资产，发现交易所丢失的比特币高达100万枚。交易所的钱包被掏空了，却没有注意到正在发生的盗窃事件。这个世界上最大的加密货币交易所是如何失去价值数亿美元的比特币的？

今天，Mt. Gox交易所只剩下一堆诉讼、成千上万沮丧的投资者和一家位于东京的法国风格的咖啡馆。这家咖啡馆成了这家交易所的象征。它靠近主要的火车枢纽，位于一个商业区的底层，是东京科技精英们谈论加密货币和创新的中心，并自始至终接受比特币付款。这家咖啡馆耗资超过了100万美元。Mt. Gox的CEO马克·卡佩尔斯（Mark Karpeles）对乳蛋饼情有独钟。有人说他爱乳蛋饼胜过爱交易所。咖啡馆有自己的糕点顾问和一个价值3.5万美元的特殊糕点烤箱来制作乳蛋饼。

卡牌还是代币

许多人以为Mt. Gox是以一座山命名的。Mt. Gox这个名字甚至不是来自加密货币，而是一种流行却非常小众的卡牌游戏——万智牌。Mt. Gox代表着万智牌在线交易所。该卡牌游戏在其玩家中拥有一个小而忠诚的在线交易市场。Mt. Gox 的创始人杰德·麦卡勒布（Jed McCaleb）是一名游戏玩家，自称是一名极客，他后来创立了两个最大的加密货币，至今仍然存在。杰德花了几年时间才意识到，经营一个交易小众卡牌的网站并没什么意思，也不值得他花时间去做，而且他对建立这个网站也不太感兴趣。到了 2010 年，他重写了源代码，并对网站进行了改造，除了域名外，其他都做了改变。Mt. Gox 不再是一个卡牌游戏交易所，而是摇身一变，成了一个加密货币交易所。

杰德做对了一件事——抓住时机。那正是加密货币刚诞生的时候。比特币在前一年（2009 年）才被发明出来，而且当时根本没有很多地方可以买到它。可以购买或交易比特币的几个网站使用起来很麻烦，也不被信任。在那个年代，用政府或中央银行发行的法币和加密货币交易有太多的障碍，虽然事实上 Mt. Gox 并不好用，但是 Mt. Gox 的用户体验比其他的加密货币交易所要好，所以用美元购买比特币的订单不断涌入，数额也越来越大。当那些想要购买价值数万美元的比特币的订单堆积如山时，杰德想过退出，这生意不适合他。早期的加密货币社区很小。交易所要出售的消息很快就传开了，他认识的一个人——马克·卡佩尔斯很快就来接手了。

马克从一开始可能并不是真的适合经营世界上最大的加

密货币交易所，也不适合处理随之而来的复杂的监管。他是一个黑客，也是加密货币的爱好者。时至今日，他在在线论坛上仍然使用着 MagicalTux 这个名字。与马克关系密切的人说，他似乎更喜欢修补服务器或检查乳蛋饼食谱，而不是处理重要的决策和安全基础设施，而这对保持交易所的安全来说却是必要的。马克买下该交易所的前提是杰德不再承担任何法律责任，不对其发生的任何事情负责。这个协议后来困扰着马克。他免费接手了 Mt. Gox，杰德在一段时期内得到了 12% 的收益，但也就仅此而已，现在的责任完全成了马克的。

安全漏洞带来的损失

一个又一个的黑客攻击

2011 年 6 月 20 日，正当马克开始习惯管理这家快速增长的加密货币交易所时，Mt. Gox 遭遇了第一次黑客攻击。在接下来的几年里，该交易所陆续被黑客攻击了多次。这次攻击也许在故事真正开始之前就决定了该交易所的命运。

Mt. Gox 的第一个黑客设法进入了杰德的原始管理员账户。他们用这些被盗的账户进入了 Mt. Gox 的内部系统，操纵比特币的价格，把价格从 17 美元降到 1 美分。随后黑客以每枚币 1 美分的价格购买了 2000 枚比特币，然后以 17 美元的正常价格将这些比特币卖回给 Mt. Gox 用户，之后带着收益离开了。这些黑客也没再做别的动作，拿了 3.4 万美元的利润离开了，再也没有出现过，也没有被抓住。一些 Mt. Gox 的客户也设法利用了这次黑客攻击。那些幸运的人在正确的时间来到了交易所，在这个折扣率下又买走了 650 枚比特币。这些比特币的新主人决定把它们从交易所拿走，而不是把它们还回去。其他客户损失了钱，交易所也是如此，但对交易所的主要损害来自黑客攻击的消息所造成的恐惧，这在全球币圈都是头条新闻。

于是，加密货币社区陷入了恐慌。黑客事件和相关的头条新闻导致比特币价格暴跌，所有人都受到了影响。在 2011 年，加密货币社区的主要人物基本上都互相认识，至少都知道对方，并且有足够的动力来维护生态系统的顺利运行，在出现重大问题时会前来帮忙。Mt. Gox 的工程师们夜以继日地工作，加密货币投资者们也来了，有些人从世界各地赶来，贡献时间、资源和金钱来购买设备，做一切事情来补救，以便交易所能够恢复正常运行。毕竟，他们几乎都在交易所持有比特币。

马克似乎不太担心。他的团队和志愿者们直到周末还在加班加点，直到交易所重新上线。马克从周五晚上开始就不见踪影，直到周一才回来着手处理与黑客完全无关的不重要的事情。这给那些放弃了空闲时间的志愿者们留下了不好的印象。

继这次黑客攻击之后，还发生了一系列其他的黑客攻击。这些攻击虽然没有成为头条新闻，却造成了更严重的问题，对交易所的安全影响也大得多。仅在2011年，Mt. Gox就遭到了一连串的黑客攻击，一起接着一起，总共有六起。其中一个黑客给调查人员留下了明显的线索，他们以1%（3000比特币）的费用归还了被盗的30万枚比特币，以换取不被执法部门调查。这些比特币后来价值数十亿美元。Mt. Gox在这一次黑客攻击中很幸运，但在其他黑客攻击中，就没有那么幸运了，累计损失了数十万比特币。

同年9月，一群黑客盗取了对交易所数据库的管理权，从客户的比特币中盗取余额，然后提现，约有7.75万枚比特币被盗。第二个月，另一个黑客再次设法操纵交易所，让Mt. Gox误以为黑客在存款，而不是在盗币，这样当他们偷比特币时就不会立即被发现。

对于这些黑客攻击，在很多方面，Mt. Gox只能怪自己不够安全。在加密货币早期，Mt. Gox是黑客攻击的重点目标，可以说它是整个加密货币生态系统中最脆弱的机构。该交易所持有的比特币比其他任何交易所都多。那时候，没有保险或任何今天才有的机构级的加密资产安全措施。它们需要的是最先进的网络安全措施。这种水平的安全是昂贵的，而且不容易实现，但这本来是可能实现的，且成本只是交易所因安全问题而损失的资金的一小部分。

错误、漏洞和损失的比特币

尽管 Mt. Gox 是由一位同黑客水平的开发者运营的，但它运行的是“完全未经测试的代码”，再加上管理不善和一些严重的会计错误，导致交易所损失了更多的比特币。2011 年 10 月，在最近一次黑客攻击的同一个月，该交易所意外地将 44 300 枚比特币发送到 48 个不同用户的账户中。其中一些客户将比特币送了回来，但大多数人都将意外之财收入囊中。这个失误让交易所又损失了 3 万枚比特币。同月，马克换了一个新的数字钱包软件，旨在存储和保护其持有的比特币。这个软件有一个漏洞，最终把 2609 枚比特币发送到了一个坏掉的地址，再也找不回来了。这些行政错误伴着一起又一起的黑客攻击，让交易所的比特币损失越来越大。

蹊跷的是，交易所内部出的问题越多，损失的比特币越多，反而在吸引新用户存储更多比特币方面越成功。新客户不断向 Mt. Gox 发送他们的比特币，而交易所在每笔交易中都有抽成，所以账面上一直在挣钱。由于新来的钱比因犯错和黑客攻击而损失的钱更多，所以，没有人注意到问题的严重性，或者似乎懒得检查其账户，随时查看交易所的比特币余额。

执法部门介入

2013年，Mt. Gox与一家名为Coinlab的美国公司达成协议。后者由一些加密货币领域的大人物领导。协议规定由Coinlab来运营交易所的美国业务。Coinlab履行了协议中的相关规定，但后来Mt. Gox由于某些未知的原因，没有交出这部分业务。Coinlab起诉要求赔偿7500万美元。同时，美国国土安全部对Mt. Gox发出了搜查令。马克从杰德手中接管交易所时，曾同意将对交易所移交之前的法律状况负全责，但他不确定Mt. Gox是否符合美国法律法规，或任何其他法律。当时，马克对这一点相当不屑一顾。在填写一些表格时，马克被问到关于Mt. Gox与加密货币交易的两个关键问题——“你是否为你的客户交易或兑换货币”以及“你的企业是否接受客户的资金并根据客户的指示发送资金（从事资金转移业务）”。对这两个问题唯一可能的合法答案是“是”，而马克对这两个问题的回答都是否定的。不知道他如何或为什么会得出这样的答案，但他已经触犯了法律，因其展开的美国业务，该交易所银行账户中价值500万美元的资金被扣押。

美国执法部门也对Mt. Gox设置了一些禁令。在一个月的时间里，禁止接受美元。结果Mt. Gox无法访问用于美元兑换的第三方电子商务平台。鉴于该交易所的许多客户来自美国，这给它带来了相当大的麻烦。这意味着Mt. Gox不能接收或兑现美元，或者说这意味着 Mt. Gox 不能接收任何新的资金，也不能把钱兑现给现有用户。客户开始经历持续数月的提现延迟。Mt. Gox 的日本银行也实施了一个相当严格的限制，交易所每天只能处理 10 笔交易，而不是 30 万笔。客户现在无法掌握他们认为本应安全的资金。

现在，马克面临着五年的监禁。Mt. Gox 几乎无法处理任何交易。该交易所的比特币交易量占比从全球第一（80%）降至全球第三位，排在俄罗斯交易所 BTC-e 和斯洛文尼亚交易所 Bitstamp 之后，后者以洗钱而不是处理真正的加密货币交易著称。到 2013 年底，Mt. Gox 仍在交易，应该还控制着 100 万枚比特币。

再没有钱了

Mt. Gox 一直在处理用户提现请求，直到 2014 年 2 月 7 日，提现突然停止。它们没有给客户太多的理由，只是用软件出错来搪塞客户。

几天后，客户开始担心他们被锁在交易所的钱。一周后，用户变得焦虑，想得到交易所的回复。此时，21% 的用户资金已经被锁定。提款停止后不到两周，Mt. Gox 上的比特币价格就暴跌了，交易价格还不到原来的一半，这意味着用户对该交易所的信任已经瓦解了。到了 2 月 24 日，该交易所永远关闭了。它们没有给出任何真正的解释，但就在几个小时后，一份内部文件被泄露出来并被疯传。交易所被黑了，尽管它本应拥有超过 100 万枚的比特币，但不知何故，这笔资金“正好”消失了。该公司四天后宣布破产。

不断流出的比特币

交易所倒闭后不久，一份泄露的文件在互联网上曝光。原来该交易所不是在近期的一次黑客攻击中丢失的比特币，而是从 2011 年首次被黑客攻击后，慢慢地、有条不紊地、一枚一枚地丢失的比特币。Mt. Gox 总共损失了 85 万枚比特币。按照比特币的历史最高价，即 2021 年初每枚比特币 4.8 万美元的价格，这些币的价值超过了 400 亿美元。这些比特币中约有 74 万枚是从 Mt. Gox 的客户那里偷来的，其余的来自交易所本身。在 2011 年，该交易所的比特币与潜在黑客之间实际上没有任何安全防御措施。如果它对数据进行了加密，或者进行了大量的潜在的网络安全检查或保护，这次攻击可能就不会发生。目前还不知道这次黑客攻击是通过获取内部信息实现的，还是黑客自己攻破了交易所；总之，黑客获得了 Mt. Gox 的私钥——就像一个用于安全存储加密货币的加密数字密码——并设置了一系列自动程序，在三年内将所有比特币逐渐提出交易所，直到偷走所有的比特币。

理论上说，如果黑客想的话，可以一下子拿走所有的比特币。加密货币的问题，尤其是早期，在于其流通性。与政府生产的货币（可以无限发行）不同，市面上只有 2100 万枚比特币在流通，并且是逐步释放的。在黑客攻击的时候，这些比特币中只有一小部分已经被挖出并在流通。如果黑客一下子偷走了 Mt. Gox 所有的 85 万枚比特币，则永远无法把它们兑现。市场根本没有这么大的流动性。黑客占了所有比特币总流通量的很大比例，考虑到大多数比特币仍是由其所有者拥有并保存在硬钱包里的，这不会增加交易所的流动性，一次性兑现会引爆市场。这将会完全击垮比特币的价格，并将使他们的财富几乎一文不值。这笔巨款将更难兑现，而且必然会引起怀疑。这么大一笔钱会引起 Mt. Gox 和执法部门的注意，而且可能会被扣押。他们的做法表明，黑客知道他们在做什么，而且 Mt. Gox 的会计并不具备本应有的水平。

三年来，Mt. Gox 没有人注意到比特币正在缓慢、持续地从交易所泄露出去，直到全部丢失。黑客设置了黑客系统，缓慢而有条理地耗尽 Mt. Gox 的余额，所以它在内部看起来像合法的内部交易，而 Mt. Gox 内部没有人想过要进行检查。

据推测，当马克于 2011 年收购该交易所时，多达 8 万枚比特币已经丢失。为什么 Mt. Gox 没有人注意到丢币问题，直到其他问题出现，他们才不得不去调查？从所有知情的外部观点来看，该交易所面临着组织混乱和管理不善的问题。

为了得到比特币，黑客复制了 Mt. Gox 的私钥来保护他们的加密货币，所以在接下来的三年里，存入交易所的比特币十有八九都是一进来就被盗。这些钱就这样被抽走了。马克解释说他之所以没有注意到，是因为他们总是得到更多的存款，他们从来没有注意到几乎所有的钱都被拿走了。"比特币并没有减少，"他说，"只是没有增加到应有的数量。"

我们的钱在哪里

当 Mt. Gox 关闭并冻结客户的提款时，人们开始意识到事态的严重性。许多人都会损失大笔资金。抗议者聚集在 Mt. Gox 办公大楼外，一些人在社交媒体上发表言论。有一个人在大楼外站了两个多星期，举着牌子发问："MT GOX，我们的钱在哪里？"

在这一切发生的时候，马克躲到了他位于东京的顶层公寓，自我软禁起来，逃避外面的抗议活动。在那里，他开始检查所有的旧数据库、记录和现在的空钱包，并发现了一个好消息：85 万枚失踪的比特币中有 20 万枚没有被盗，它们被放在一个旧钱包里没被黑客发觉。这完全是由于糟糕的会计记录造成的，所以黑客也没能拿到它们。在其他时候，这代表着严重的会计问题，会导致很多用户的资金下落不明；但在这个时候，这是一种罕见的好运气。所以，也就是说，被盗的比特币有 65 万枚。

幕后黑手的出现和貌似无辜的老板

世界上最大的谜题

一位在 Mt. Gox 持有比特币的瑞典软件工程师金·尼尔森（Kim Nilsson）采取了与站在交易所外的抗议者不同的做法。金以前没有从事过区块链方面的工作，但他从解决谜题和软件错误中获得了乐趣，并在解决问题方面颇有声誉。对金来说，“这可以说是当时世界上最大的谜题”。金首先自学了区块链分析技术，然后调查了 Mt. Gox 记录的所有与黑客攻击相关的细节。在比特币区块链上可以看到所有的交易，所以金追踪了相关线索的每一个方面。在接下来的 4 年里，金花了一年半的时间全身心投入到这个案子上，调查黑客事件的每一个方面。他不会直接从这一行动中获得巨大的利益，哪怕真的得偿所愿，在交易所丢失 12.7 枚比特币的他也只是最小的债权人之一。对金来说，这是作为去中心化的比特币社区的一分子应当做的。

金一开始调查了马克，认为他在丢币事件中起了一些作用。然而，随着他对马克的了解，他很快意识到这似乎并不是事实，马克和他一样渴望知道比特币的去向。金通过为马克带来制作他心爱的乳蛋饼所需的材料，换取了马克提供给他的数据来助力自己破案，从而进入了马克的公寓。

金很快发现，自 2012 年以来，Mt. Gox 在技术上一直处于瘫痪状态。

他花了几年时间苦苦挖掘。到了 2016 年初，金发现了嫌疑对象。在被盗的资金中，有 63 万枚比特币进入了同一个人控制的钱包，这个人在 Mt. Gox 有一个名为 WME 的账户。WME 曾在一个在线比特币论坛上透露过自己的身份，在那里他贴出过一封律师信，上面显示了他的全名。金一直在与纽约国内税务局的一位专门负责抓捕网络犯罪分子的特别探员沟通，并向他透露了自己的发现。

再见了 Mt. Gox 丢失的资金：犯罪大师在洗钱

2017 年 7 月，一名男子在与妻子和孩子在希腊海滩度假时，警察蜂拥而至，包围了他。俄罗斯公民亚历山大·文尼克（Alexander Vinnik）是一名 38 岁的 IT 专家。他因被怀疑是一个犯罪组织的主谋和领导人而被捕。根据警方的报告，自 2011 年以来，他拥有、经营和管理着一家世界领先的电子犯罪网站。

文尼克被指控不仅偷窃并洗白了从 Mt. Gox 被盗的 63 万枚比特币，而且还入侵了其他交易所的小批量比特币。Mt. Gox 这起价值 40 亿美元的盗窃案至今仍是加密货币领域的历史之最。文尼克被认为是俄罗斯 BTC-e 加密货币交易所的经营者或经营者之一，该交易所的成立时间与 2011 年 Mt. Gox 被黑客攻击的时间相差无几。一些人认为 BTC-e 成立的主要目的是洗白从 Mt. Gox 偷来的比特币。一些执法部门的人似乎也这么认为。BTC-e 没有实施基本的安全检查似乎佐证了这一点。马克认为，俄罗斯比特币交易所的管理者就是攻击他自己的交易所的幕后黑手。BTC-e 在文尼克被捕时被执法部门查封。在 2020 年，文尼克因洗钱罪被判处 5 年监禁。

一个机器人叫 Willy，还有一个机器人叫 Markus

2014 年，当 Mt. Gox 交易所倒闭时，一个包含其交易、账户余额、提款和存款细节的数据库被泄露到互联网上。虽然内容不全，但它给调查人员、关注此事的人和投资者提供了足够的数据。没过多久，一个非常可疑的活动模式就出现了，有人认为这一定是个机器人，这个机器人被命名为 Willy。这个名字在随后的所有法庭听证会上多次出现。

恰巧一个名为 Willy Report 的栏目（WordPress 的一个博客，专门监测有关该主题的所有动态，并由作者汇编）很快站了出来，显示不断发展的可疑趋势，直到泄露的数据戛然而止。每隔 5～10 分钟，就有一个不同的账户购买 10～20 枚比特币。它的购买额似乎总是一个整数，而且总是一个非常特定的美元数额。每个账户只用美元买入比特币，从不卖出任何比特币。每笔交易完成后都会用一个新账户继续交易，目的是不引起人们的注意，以防有人想在交易所仍然活跃的时候检查。即使交易所关闭了，其他人无法进行交易了，交易的账户仍能进行它们的交易。

很明显，机器人 Willy 是被编程来进行这些交易的，但是以谁的名义呢？

另一个模式与 Willy 不同，根据记录，该模式购买比特币的金额很奇怪或貌似不正确。这两个机器人看起来很明显是在一起工作的。这个新的机器人被命名为 Markus。

当 Willy 和 Markus 出现的时候，Mt. Gox 的大部分比特币已经丢失了，Willy 不应为这个交易所的大部分问题承担责任。但是，Willy 买了很多比特币，总计 25 万枚；据猜测，这足以影响比特币的价格。如果是这样，这就不仅仅是在操纵该交易所了，而是在操纵整个加密货币市场。

在随后的法庭诉案中，马克承认了是将 Willy 作为“义务交换”的一部分来操作的，但他说这么做是“为了公司的利益，所以不违法”。据了解，这些机器人是为了防止交易所不可避免的倒闭而出现的。在 2011 年被黑之后，Mt. Gox 已经出现了比特币短缺的问题，需要更多的比特币和交易量来维持运转。机器人的用途在于通过模拟交易量和比特币交易来延长交易所的寿命。

逮捕，洗钱，起诉，滥用的资金

围绕 Mt. Gox 的审判还在进行中；与此同时，从未如此接近希望的投资者，其获得部分或者全部赔偿的希望在不断落空。这个案件有几个转折点，对所有参与的投资者来说都是可悲的讽刺。

并非所有由 Mt. Gox 持有的比特币都可以用来偿还投资者。现在对剩余的比特币有诸多的赔偿要求，Mt. Gox 财产中的每枚比特币中，只有 0.23 枚可以发放。Coinlab 这个起诉索赔金额高达 7500 万美元的债权人，后来把它们的索赔金额提高到了 160 亿美元。一些基金已经买下了投资者的债权，并且做得相当好。

许多 Mt. Gox 的投资者担心，过了这么多年，他们可能永远拿不回属于自己的比特币了。比特币现在已经大幅升值，投资者希望至少可以拿回与当初投资等值的金额，哪怕不是他们最初委托给交易所的相同数量的比特币。这在很大程度上取决于当这场灾难最终被解决时比特币的价格。

相对而言，黑客们并没有从中得到什么好处。因为他们把偷来的比特币直接卖掉了，估计赚了 2000 万美元。讽刺的是，那些比特币现在已经价值数十亿美元了。那些被盗币的 Mt. Gox 投资人所损失的美元价值远远超过了黑客赚的钱。

除了对交易所经营不善，马克几乎没有任何罪责。本案中的一名律师凯尔曼（Kelman）将 Mt. Gox 最后的日子描述为有点像庞氏骗局："当 Mt. Gox 没有任何比特币时，马克用从其他客户那里获得的新存款来偿还其他人——有点像伯尼·麦道夫（Bernie Madoff）这位金融史上最大'庞氏骗局'的始作俑者。"尽管他以前因经营交易所而富有，但马克本人却破产了，并明确表示他不想从这种情况中得到好处。但有报道称他涉嫌挪用资金购买"性服务"，不满的投资者仍在等待拿回他们的资金，可想而知，当他们看到这一报道时有多么不满。2019 年，东京地方法院裁定他"伪造财务记录的罪名成立，但其他所有指控，包括挪用公款的罪名均不成立"。他被判处缓刑，除非在四年内再次犯罪，否则将不用坐牢。

人们很难不为马克感到遗憾。如果说，是因为他缺乏安全控制导致投资者失去了比特币，这不是行业里的头一回，当然也不会是最后一次用户在加密货币交易所丢币。几乎所有的加密货币交易所都被黑过，导致用户失去了部分或全部的加密货币资产。马克被一些人指责经营了一个复杂的庞氏骗局，"是一起网络犯罪的主谋"，这是相当不公平的。他也许没有把精力放在正确的事务上，而且他也承认自己完全陷入了困境；但是，与我们在本书中读到的许多其他公司不同，虽然马克可能无法胜任本职工作，但他似乎无意欺骗任何人。

明明赔得起，投资者却拿不到钱

故事最后的转折

对所有相关人员来说，故事的最后一个讽刺性的转折是：根据日本的破产法，对投资者的偿还是按企业破产时资产的美元价值计算的。在 Mt. Gox 破产时，比特币的交易价格为每枚 489 美元，目前一枚比特币价值超过了 4.8 万美元（尽管这个数字波动很大）。如果现在把剩下的 20 万枚比特币卖掉，给投资者美元，所有的债权人都会很高兴地以美元价值得到全额偿还。当前，用美元偿还欠用户的比特币是一个明智的解决方案，而且看起来比以往任何时候都更接近于圆满方案，但是由于法院的因素和一些政治原因，该案以投资者的利益为代价拖延了好几年，对于那些把比特币委托给交易所的用户来说，多年来的赔偿仍然没有下文。

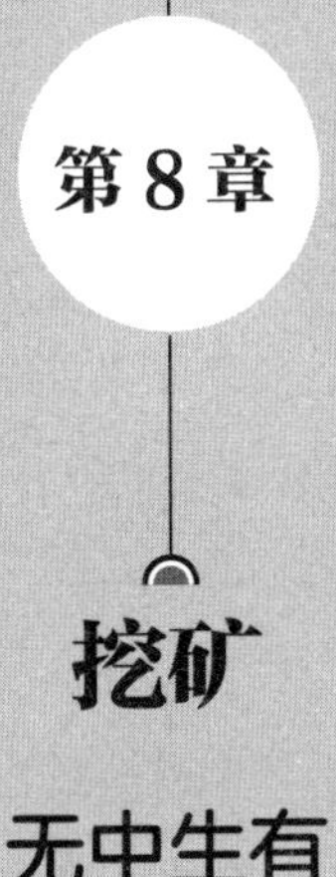

第8章

挖矿

无中生有

云挖矿，一种新的“致富”途径

比特币——第一个也是最重要的加密货币，是通过一个被称为“挖矿”的过程创造出来的。其神秘的创始人中本聪，创造了一种算法来赢得比特币。只有最先解决每个区块中算法的计算机，才能赢得比特币。在比特币诞生之初，即2009年前后，它的价值很低，人们开采这种新的数字货币要么是出于好奇，要么是为了投机。现在，一枚比特币值很多钱。随着这几年需求的增加，比特币和挖矿现在是门大生意。

比特币的早期用户不多，人们对当时作为新生事物的数字货币的需求也不大，几乎不存在竞争，解决这些算法也不需要太多的算力。随着比特币的价值和受欢迎程度的上升，需要越来越多的强大的机器来相互竞争，从每一个区块中赢得比特币。在过去的几年里，只有专业规模的矿场（基本上是大型仓库或工厂）充满了用于挖掘比特币的高功率计算机机器（被称为矿机或GPU）会将算力全部指向解决比特币算法，希望能在竞争中赢得比特币。

一些早期的比特币采用者最初是在他们自己的电脑上挖矿，但这需要大量的技术背景，对许多人来说，能源成本比当时的比特币本身更有价值。对于一个普通的、没有技术背景的人来说，挖加密货币是不可能的，这是一个复杂的过程！随着比特币价格的飙升和知名度的提高，越来越多的人想要加入进来。加密货币交易风险极高，市场波动很大，很多人都亏损了，而挖矿产生的加密货币成本稳定（如果做得好），被一些人视为稳定的收入形式并进行推广。

一些提供远程或“云”加密货币挖矿服务的公司开始涌现。至少在理论上，这些公司会购买和维护挖矿设备，并向投资者支付被动收入。这种商业模式并不是没有风险。加密货币挖矿设备昂贵，不好掌握，而且很容易被盗。也许不用过于强调，加密货币设备被盗的故事不止一个。

赚快钱：大把的钱源源不断地涌入

云挖矿给投资者提供了一个机会，让他们远程挖掘加密货币而不需要做任何工作，也不需要自己照顾机器。这是轻松、被动的收入，至少理论上是这样的。云挖矿公司会把投资者的钱用于覆盖挖矿设备和挖比特币（或其他加密货币）所需的能源成本。他们开采的比特币（或加密货币）的价值将超过开采的成本。然后，挖矿公司将从新挖出的加密货币中抽成，以支付他们的成本和利润，并将其余部分发送给投资者。理论上，投资者也会从收益中得到回报。

投资者所要做的就是支付投资费用。正如许多涌现出来的云挖矿公司所承诺的那样：坐等收益滚滚而来。

没过多久，云挖矿就被吹捧为从加密货币中获利的新风口。在某些情况下，云挖矿被宣传为与印钞机一样的有效致富方式，并进行了非常巧妙的营销。在加密货币狂热的最初几年，直到 2018 年市场崩盘，有一些真正的公司向投资者提供云挖矿和加密货币挖矿服务。但是，有钱的地方（特别是有了一个新兴技术的掩护）就会出现骗局、黑客和一些彻头彻尾的盗窃。

传销无处不在

价值 7.22 亿美元的印钞机

没过多久，云挖矿的想法就会与加密货币骗局中的另一个主导趋势相遇并结合，我们在本书中一再看到这个趋势——多层级传销。云挖矿是一种凭空印钱的方式，而多层级传销，正如我们在其他几个最大的加密货币骗局中看到的那样，是让成千上万的人投资他们的钱的最简单的方法，而公司本身很少参与其中。这正是加密货币骗局中的天作之合。

一家从事加密货币云挖矿的公司从其销售中赚取了 7.22

亿美元。BitClub 网络将自己定位为一种简单、无风险的挖矿方式，让每个人都能参与加密货币投资。当你可以毫不费力地投资于制造比特币的机器时，为什么还要购买比特币呢？

BitClub 网络提供一站式服务。它的投资者所要做的就是什么也不做，坐等收益进账。为了吸引这些投资者，它有一个多层级的传销设置，提供慷慨的推荐奖励，并雇用了最好的销售人员在世界各地展示他们奢侈的生活方式，吸引人们成为他们的一员。

乔比·威克斯（Joby Weeks）是该网络的首席销售员，他精通销售。

作为一名早期的比特币投资者，乔比在比特币还是每枚 0.85 美分的时候就买入了比特币，随后比特币的价格上涨到了每枚数千美元。他在比特币上的投资很成功，在便宜的时候买了足够多的比特币，再也不用担心钱的问题了。

在进入加密货币领域之前，乔比曾从事各种多层级传销工作，产品范围从能源到补充剂。尽早进入这些 MLM 项目并成为一个会骗的销售员，使他处于这些公司的食物链顶端。对于任何善于销售的人来说，只要能足够早地进入传销计划，就会有很丰厚的利润。

在加密货币骗局中，有一个反复出现的主题：如果他们能够激励优秀的销售人员来推广产品，公司就会做得很好。

多层级传销计划可以成为激励销售人员的最佳形式，因为他们不关心自己卖的是什么，也不关心是从谁那里拿的钱，他们只关心自己的销售成果。就像维卡币和 Bitconnect 一样，MLM 计划中的顶级销售人员不仅可以从他们招募的每一个人身上获得佣金，还可以从他们的推荐人招募的每一个人身上获得分成，销售结构通常是多层级的。这意味着持续的收入来源，而不需要做很多第一级招聘之后的工作。这让乔比可以四处旅行，住豪宅。

梦想的生活

乔比在他的家乡科罗拉多州遇到了牙医助理斯蒂芬妮。作为病人去进行牙科手术的乔比，立刻就与斯蒂芬妮坠入了爱河。三个月后，他们开始了第一次冒险。这对夫妇在之后的 11 年里几乎不停地奔波，环游世界，直到他们的女儿出生前几周才回家休息。

乔比一直是总统候选人和得克萨斯州议员罗恩 · 保罗（Ron Paul）的忠实粉丝，保罗因其自由主义观点而在加密货币社区受到欢迎，此前社区还为他的总统竞选活动提供了一些捐款。这对夫妇希望他们女儿的出生礼能有这位 83 岁的老人参加。罗恩 · 保罗说，如果分娩地点在他家附近，他就会参加。于是乔比和斯蒂芬妮就去找他，臭名昭著的罗恩·保罗就在那里参加了新生儿的出生礼。这只是他们与名人的第一次接触。

当他们的女儿利伯蒂（Liberty，以罗恩·保罗发起的运动命名）出生时创造了一个新的纪录：她成了全美 50 州俱乐部（All Fifty States Club）最年轻的成员。在她 43 天大的时候就去了美国所有 50 个州。利伯蒂有自己的 Instagram 信息流，显示她出现在美国各地的地标，让全世界知道“我是年龄最小的走遍全美 50 个州的人。我只有 43 天大的时候，就在 42 天内完成了！我去过 45 个国家和四大洲。这些都是我的冒险”。乔比告诉世界：“对女儿来说这只是刚刚开始，我们希望她能走遍世界上的每一个国家。”

乔比和斯蒂芬妮夫妇环游世界，在博客上发布他们的冒险照片。他们去了南极和撒哈拉沙漠，去了库克群岛、马丘比丘、东京，并访问了利伯兰自由共和国（这个自由国度是由许多加密货币投资者建立并受其青睐的）。一路上，乔比遇到了理查德·布兰森（Richard Branson），甚至和他一起录制了旅游视频。他们访问了 1241 个城市和 152 个国家。在他们 11 年的旅行中，不曾在任何一个地方逗留超过一周。这些旅行大部分是为了乔比的工作，但他们将之视为一种乐趣，并在他们所到之处停下来观光。为了方便带着孩子的旅行，乔比买了一架私人飞机。他们过着很多人梦寐以求的生活。

无政府主义者的天堂

早期的成功投资经历让乔比成了加密货币的有力支持者。他在全球范围内旅行，在有关会议上发言。他最喜欢的加密货币会议是 Anarchapulco。2015 年，广受欢迎的无政府主义者杰夫·贝里克（Jeff Berwick）在墨西哥的阿卡普尔科发起了这个活动，这个活动已经在自由主义的加密社区普及，并且越来越多，吸引了成千上万的参与者和大牌演讲者。许多最早的比特币采用者，现在都是该领域中的大人物，有些人已经赚了数十亿美元，他们每年都到此集会。乔比和其他几百人一起参加了第一次会议。会议结束后的几个星期，许多人仍留在那里，并很快在阿卡普尔科形成了一个新的和快速增长的社区，有不少与会者直接在那里定居了。

阿卡普尔科镇热烈欢迎这些加密货币爱好者。这个曾经很受欢迎的墨西哥沿海城市也曾臭名昭著，算得上近年来西方国家中谋杀率最高的城市之一。外界认为该地区是一处法外之地，并建议美国公民不要去阿卡普尔科所在的格雷罗州。美国政府雇员被禁止访问该地区，而这一规定正合与会者的心意。这使得该度假胜地成为举办无政府主义会议的完美场所。

现在，每年都有数千人从世界各地前往那里。从无政府主义者到成功的企业主，再到阴谋论者和嬉皮士，与会者租用当地住宅、豪华酒店套房和公寓，几乎都是用加密货币支付的。缺少游客资金的当地企业，现在接受用加密货币支付从果汁和小吃到乘坐墨西哥马车的任何费用。乔比在 2015 年第一次出席 Anarchapulco 的时候是如此激动，以至于用 400 万美元的价格买了一栋带有 13 个卧室的海景豪宅，当然，也是用比特币支付的。同样数量的比特币在 2021 年特斯拉公司接受比特币支付时，其价值差不多达到了 1.8 亿美元。

乔比在 Anarchapulco 会议上接触到了 BitClub 网络，这是一家当时相对不知名的加密货币云挖矿公司，承诺对所有人开放加密货币投资。那时，BitClub 成立已满一年。

印钞：会下金蛋的鹅

BitClub 网络是一个诱人的想法，一套简单的推销辞令。该公司向其投资者承诺，它们拥有一定数量的加密货币矿机，而这些矿机则是在“印钱”。在接下来的几年中，乔比一直把投资于 BitClub 网络比作“购买会下金蛋的鹅”。鉴于当时购买比特币仍然很困难，BitClub 网络想通过这种方式向大众展示持有加密货币可以多么容易。投资者能从两方面获得好处——不仅可以持币待涨，还能以低于市场价的价格挖到加密货币。谁不希望有一种凭空创造金钱的方法呢？

乔比是 BitClub 网络需要的完美人选。他喜欢谈论加密货币、从加密货币中赚到了钱、在世界各地奢华旅行。他不遗余力地在博客和社交媒体上用照片和视频来炫耀他的生活，人们看到了并希望复制他的成功。他很自信，能说会道，擅长公开演讲，而且很会推销。乔比很快就成了该项目的领导者。对于乔比来说，BitClub 网络是一个从他非常了解的两个收入流（比特币挖矿和多层级传销）中赚钱的机会。

在他的新角色中，乔比可以用公款到世界各地最豪华和最遥远的度假村旅行，就像他过往的生活那样。他穿着标志性的短裤、T 恤和凉鞋去北美最富有、最独特的度假村，向大家展示自己是如何实现梦想的。他靠着他的比特币财富环游世界，住豪华的房子，并告诉大家他们也可以，只需要跟着他做就行。

骗局背后的真相

模糊的数字、没留下线索的领头人和虚假的赞扬

BitClub 声称让所有人都能轻松地开始使用加密货币。只要交纳 99 美元的会员费，再投资 500 美元，任何人都可以拥有自己的比特币挖矿设备（理论上），让他们以后有经常性的收入。回报可能有点模糊，也没有详细说明挖矿设备在哪里，或者谁是公司的幕后老板，但早期投资者很高兴，他们赚到了钱，所以一般都选择不质疑。

即使是在早期，许多旁观者已经清楚地看到，BitClub 网络并不是它所描述的那样。该网络在 YouTube 上发布的视频

显示，领导人似乎对矿池的运作方式或运行矿池的相关风险没有任何了解。说他们无知可能有点过分了，但说他们完全不是业内专家一点儿没错。就连网站上的推荐信似乎都是伪造的，名字与照片不一致，不知道到底有没有哪怕一封推荐信是真的。根据大多数加密货币骗局的记录，我们可以推测推荐信和评论要么是伪造的，要么是买来的。网站上一个所谓的名叫维克托·迪亚斯（Victor Diaz）的客户竟然是印度的强奸犯。不知道是用错照片了，还是在巴西真的有这么一位客户。

BitClub 网络的领导人因其对投资者的侮辱性言论和他们所经营的骗局的规模出名。他们似乎真的认为投资人都太傻了，不会注意到或质疑其投资本金和回报有任何差异。他们称其客户为“傻蛋”和“韭菜”。所以，当该计划最终崩盘，创始人被逮捕时，可没哪个投资者会同情这场涉案金额达 7.22 亿美元的巨大骗局的领导人。这很正常。

关于 BitClub 网络，很快就有人从态度模糊变成了强烈质疑。

数字游戏

对于任何仔细研究过这些数字的人来说，都不清楚投资者应该如何赚回本金；而在专业人士看来，他们根本不可能赚回钱！投资者可能认为，他们的投资资金都被用于支付挖矿费用了，如运营挖矿设备和能源。他们将从利润中获得收益。他们被告知，有一半收益不是直接付给他们，而是将被强制重新购买 BitClub 网络的更多投资。而投资者被引导认为，这些钱被用作运营成本了。这是一个公平的假设。事实上，只有当 BitClub 网络的所有其他成本都被覆盖后，它们才会向投资者支付收益。所谓的其他成本意味着 60% 的投资者的钱都被用来支付那些带来更多投资者的销售人员和多层级传销人员的佣金了。

创始人戈奇（Goettsche）在一次内部讨论中被开发者问到投资者是否知道钱去了哪里时，他说："我猜大多数人都不知道只有 40% 的投资被用于挖矿，其余的都用于支付佣金了吧？""团队领导知道就行，"戈奇接着答道，"是下面的人不知道。"如果用户发现其全部投资的 60% 被用来支付销售人员的丰厚佣金，那就不太好了。包括这个事实在内的一些其他事情都被 BitClub 网络团队有意隐瞒了。

对 BitClub 网络来说，确保它们最早的投资者和推广者得到良好的回报是很重要的。感到满意且获得高薪的早期投资者意味着良好的评价。这些早期推广者被激励着将更多人带进来，这样团队就会有更多的钱。向早期投资者支付额外的钱，让他们看起来像是真的从比特币挖矿中获得了良好的回报，以达到鼓励更多人投资的目的。

自 2014 年推出以来，BitClub 网络一直在调整其财务状况。据称，戈奇曾发布过需要伪造数字的帖子，表示"只是在我们开始运作的前 30 天”。他指示一位联合创始人对公司的收入数字施展一些“魔法”。戈奇很快就建议他们“从今天开始将每天的挖矿收入提高 60%”。这是不可能的，这是庞氏骗局，而且是快速套现的庞氏骗局……BitClub 网络的幕后策划者似乎并不认为骗局会被揭发。

BitClub 尽其所能地掩盖真实的统计数据。用来支付早期投资者和发起人的额外利润并不是来自挖矿，而是来自下一批投资者的买进。用新投资者的钱来支付给老投资者，通常被称为庞氏骗局。没过多久，外界就开始意识到这一点，并公开称其为“庞氏骗局”。

离奇丢失的矿机

BitClub 网络声称很赚钱的挖矿业务也需要被重新审视。2017 年，在一次演讲中，乔比将 BitClub 网络描述为“基本上是在销售印钞机”。该公司从未对矿机怎样赚钱、摆放在何处或如何进行维护等问题进行更多的说明。

乔比宣称自己为 BitClub 网络买入了价值 6000 万美元的挖矿设备。有视频显示，他带领人们参观了冰岛的数据中心，据说大部分的挖矿活动都是在那里进行的。一些眼光敏锐的追随者急于看到 BitClub 网络将如何发展，他们注意到这段视频与另一个知名的加密货币挖矿设施有完全相同的地方。该设施的所有者 Verne Global 的发言人明确表示，他们与 BitClub 网络没有任何直接关系，无法对其挖矿能力发表评论。

BitClub 网络曾告诉投资者，他们可以从三个不同的矿池中选择投资。在 2020 年的审判中，最开始就加入公司的开发者巴拉奇（Balaci）承认他从不知道公司运营着三个不同的比特币矿池。他还承认，在戈奇的授意下，他曾手动改变了显示给投资者的收益数字，使 BitClub 网络的利润看起来比实际挖矿获取的利润要多。

不仅如此，戈奇还夸大了其挖矿能力，对投资者表现出了明显的蔑视，并毫不犹豫地提高报酬。我们有理由怀疑，他也许是为了在最短的时间内赚取最多的钱，然后带着大量的钱退休。

联邦探员获得的内部电子邮件和在线聊天记录显示，戈奇指示巴拉奇去“提高报酬”，后来又“大幅降低挖矿收入”，以确保一件事——用他们的话说，BitClub 网络的头目们可以“暴富退休”。有一件事是清楚的：他们对挖矿能力的证明和客户的赞美一样假。

不过就是水

BitClub 网络幕后的人似乎并不想让人们知道他们的设置是如何运作的，或者投资者投入的资金到底去哪儿了。他们希望人们关注多层级传销元素（即投资者可以从他们推荐到网络的其他人身上赚取佣金），以及潜在的高回报。

BitClub 的创始人戈奇和主要销售人员乔比都有传销的背景。他们谎称其销售的产品具有补充营养或抗衰老的作用。他们工作过的公司只关心能赚多少钱，而不在乎销售什么产品或从谁那里赚钱。戈奇曾经工作过的一家公司被指控其销售的“矿物质增强的抗衰老产品，实际上只含有少量的水”。这种情况在多层级传销项目中相当普遍。这种概念在美国是合法的，却经常触及法律的灰色地带，推广者并不希望受害者或使用者就此知情。

BitClub 网络对他们来说，与只含有少量水的产品没什么区别。只要有足够的人相信他们关于挖矿赚钱的说法就够了。他们的营销资料上没有提到风险，也没有提到如何赚钱，只强调人们可以赚到大钱。有一个宣传视频承诺，“保守估计，3599 美元的投资可以在三年内为投资者带来 25 万美元的回报”。该视频也没有回答一个逻辑的问题，即如果它们能从比特币挖矿上获得如此巨大的回报，为什么创始人不把这个秘密留给自己，不投入自己所有的钱来获得财富？

就像任何多层级传销计划一样，当项目达到饱和时，就会出现没有足够的新人加入的情况。这就是他们倾向于展开的点。如果一项计划背后没有实质内容，那它几乎会不可避免地崩溃，而且往往到那时才会被发现是一个庞氏骗局。有些人早就认定 BitClub 网络是庞氏骗局，现在这个项目已经接近崩盘了。

“大而不能倒”的骗局最终还是倒了

到 2019 年，投资者开始退出。他们对项目是骗局的评论感到担忧，并对收益的减少感到不安。同年，BitClub 网络背后的一名被告和头目公开脱离了该公司。在一段视频中，约瑟夫·弗兰克·阿贝尔（Joseph Frank Abel）展示了他最近投资的新矿机，他承诺人们可以从这些矿机中获得“大量的、巨大的回报”（这是一个应该永远让人保持谨慎的承诺）。阿贝尔说：“我认为 BitClub 网络有很大的问题。如果你推广 BitClub 网络，你就是在推广一个庞氏骗局……它们声称有数以亿计的设备，但其实并没有…… 一切都是谎言。”

2020 年初，BitClub 网络幕后的三个头目被逮捕。随后许多人的幻想崩塌了。创始人戈奇在他价值 150 万美元的家中被捕。他的护照和他从投资者那儿获得的 900 多万美元的资产被扣押。后来的调查显示，仅在他的账户中就有超过 2.33 亿美元的资金流动，其中 7000 万美元是在两个月的时间里获得的。这是一笔巨款，由于当时许多投资者都收不到项目的收益，情况变得更糟。开发者巴拉奇承认了电信欺诈和销售未注册证券的罪行，最高可被判处五年监禁和 25 万美元的罚款。乔比也被逮捕了，在拒绝向时任总统的特朗普认罪后，现在面临 15～25 年的监禁。

这个在视频中宣传自己是“历史上最透明”和“大到不能倒”的公司就此失败了。它们是目前市场上最大的加密货币挖矿骗局，也是历史上最大的加密货币骗局之一，共从投资者那里骗取了 7.22 亿美元。至今仍不清楚，BitClub 网络是否真的有挖矿设备。

第 9 章

市场操纵

庄家拉盘和砸盘

通过市场操纵来赚钱

针头和干草堆

当你观察一些加密货币的价格图表时会发现这些项目往往在早期有剧烈的、突然的暴涨。

大多数加密货币的价格走势图要么呈渐进式的上升或下降，要么几乎是一条水平线，与其说这是因为缺乏波动性，不如说是缺乏交易量或市场对该项目完全没有兴趣。你有时也可以看到大的波动，这意味着加密货币正逐渐被操纵或受到了整体市场的影响。但是，许多加密货币（特别是那些较小的、不太知名的加密货币）都有过一次或多次在其价格图表中突然出现垂直的针形线，其价格几乎瞬间增长了数百个百分点；随后，几乎是瞬间，其价格同样迅速地下降，回到了起点。如果不是发生得太频繁，人们可能会认为这只是图表中的一个小插曲—— 一个错误或交易所的价格显示出现了问题。但这些垂直走势在许多小型加密货币的价格图表中出现得太频繁了。价格突然上涨数百个百分点，然后急剧崩溃，这是由非常典型的灰色交易造成的，即拉盘和砸盘。

在对加密货币进行拉盘和砸盘的过程中，一些人赚了钱，而大多数人则亏光了所有的钱。这一切往往发生在几秒钟内，而且人们往往不知道是什么导致了这一切。

自有交易以来，操纵市场的行为就一直存在。不幸的是，对于那些想通过操纵股票和传统资产获利的人来说，这样做是违法的，会面临高额的罚款和监禁。然而，贪婪、赚钱和对成功的渴望驱使着一些人不断游走在法律的灰色地带，直到他们如愿以偿或被抓住。在加密货币领域有很多灰色地带，剧烈的市场波动性被人操纵，在一系列拉盘和砸盘的行动中，一个项目接着一个项目从数十万人（甚至更多的人）手中赚走钱财。

如果一家证券交易所没有采取足够的措施来防止股票操纵，那它会面临法律严厉的处罚；所以，在大多数情况下，这些行为是凌驾于法律之上的。正如我们已经看到的，与传统的股票不同（市场受到了严格的监管），加密货币一直处于法律的灰色地带。在监管出现之前，加密货币市场一直被视为自由的冒险之地，什么都可以做。

正如我们在第 1 章中所看到的，数以千计的 ICO 导致了数以千计的小型加密货币的产生，其中大多数没有任何使用案例或价值。这些较小的加密货币并不倾向于上线大型的加密货币交易所来获得流动性。较大的交易所往往会收取较高的上币费，审核标准也更严格；这意味着较小的加密货币往往会在较小的、更分散的加密货币交易所中占据主导地位。这些较小的交易所大多诞生在2018年之前的泡沫年代里，并滋生了各种乱象。

这些加密货币的总市值较小，在小型交易所的流动性较低，很容易被操纵。持有1万美元左右资金的个人投资者基本就能够一个人操纵较小交易所上的小型加密货币的市场。

操纵小型加密货币的市场很容易。只要下足够大的买入或卖出订单，就可以抬高价格或使价格下跌。任何想要操纵这些小型加密货币的人甚至都不需要买入或卖出他们持有的货币，只需放出大量的“假的”买入或卖出订单，就足以吓到其他交易者。只要有足够大的卖单出现，就会让足够多的交易者认为该加密货币可能有问题，或者认为下大额卖单的人知道一些内幕，便会选择恐慌性抛售，或因为担心市场崩盘卖不出去而以比大订单更低的价格卖出手中的币。仅仅是大额卖单的出现，就可能导致该币的整体市值大幅下跌。同样，对于交易量较低的加密货币，大额买单会推动小型交易所的市场上涨。那些下大额买单或卖单的人可以观望，等到最后一分钟，再取消他们的订单。如果他们打算把市场砸下去，就会准备好比特币，以新的较低价格购买相同的加密货币，反之亦然。市场操纵在不受监管的情况下很容易实现。

个人加密货币交易员每天都在以较小或较大的交易量进行这种交易。在一个如此动荡的市场中，即使是个人交易者也可以操纵加密货币，而由专业人士运作的有组织的、精心策划的团体操纵则造成了更多的混乱。

社交诈骗

2017—2018 年的加密货币热潮吸引了很多从未做过交易或投资的人。进入加密货币市场比进入股市更容易，而比特币和一些 ICO 的兴起已经让足够多的人公开致富，这也往往使其他人拿出了全部身家，以期复制同样的造富神话。

加密货币和社交媒体聊天室齐头并进。投资者们纷纷加入新的社交平台（提供不同程度的隐私和加密）。在 Discord、Slack 和 Telegram 上有数以千计的加密货币聊天室，加密货币投资者会在那里谈论交易、投资或不同币种。其中许多小组和聊天室会有一个很好的学习环境，并提供真正的建议和有用的技巧。其他小组则有更黑暗的意图，它们建组的目的纯粹是为了利用匿名来寻找猎物。许多新的加密货币投资者很容易在这些社交加密货币论坛上沦为庄家操纵市场的受害者，而这种行为在其他市场上是非法的。

拉盘和砸盘组织

在加密货币生态系统中，拉盘和砸盘组织有一个属于它们自己的世界。对于组织者来说，进入这些组织的人是其相当丰厚的收入来源。他们收取高额的费用，每人每月数百或数千美元，全部用加密货币支付。许多团体组织者从经营这些团体中赚到的钱比他们从加密货币交易中获得的收入还要多。拉盘组织者，也就是第一个买入和第一个套现的人，将他们的代币卖给其他买家，几乎可以保证从每次拉盘中获得高额回报。大多数参与者（在某些情况下，有高达 99% 的参与者）都是亏钱的。

许多被操纵的加密货币都是已经死掉的项目。这些项目要么已经破产，要么其匿名创始人或开发人员已经离开了团队。通常该项目已经有几个月甚至几年没有运作了，但人们仍在进行交易。

不幸的是，价格操纵并不限于以此为目的而建立的封闭小组。那些由封闭小组实行的、参与者已知的、有组织的拉盘和砸盘行为只是冰山一角。大部分加密货币的价格操纵活动都是在公众面前公开发生的，由社交媒体上的 KOL 推广，参与者也成了骗局的一部分。这些 KOL 和名人扮演了关键角色。一些人现在已经被逮捕，因为他们在操纵加密货币市场中发挥的作用而被起诉。

让名人参与其中

加密世界和 KOL 很快就搞清楚了该如何合作来获得各自想要的利益。一些早期的加密追随者也很快搞清楚了该如何成为 KOL。

YouTube 上出现了一些由推销员主持的频道，或者由一些年轻的、穿着暴露的女性来推广加密货币项目。他们会分享关于这些加密货币的正面新闻和采访，同时确保他们的追随者会买下他们所宣传的加密货币，并向追随者保证其价格很快会上涨。

其中一些新的 YouTube 网友出于自身利益的考量，很早就买入了这种特定的加密货币，并希望价格上涨。许多较小的加密货币的交易量足够低，而且波动性也足够大。一个 YouTube 网友的粉丝群就足以让他们选择的项目价格上涨。这些 YouTube 博主也知道如何利用他们的追随者来达到这一目的。

他们告诉追随者自己持有多少币、投资了多少本金以获得信任。他们的追随者越多，追随者购买该加密货币的数量就越多，加密货币的价格就会上涨得越多，人们也就越信任他们。

这是一个循环，能让 YouTube 博主和他们的第一批追随者发财。他们没有告诉成千上万追随者的是，他们选择的加密货币的价格越高，他们的追随者就越多，他们就可以向追随者出售更多的代币，把他们不值钱的代币卖给粉丝。这些博主会不断抬高价格，直到他们最后套现成比特币或其他货币。没有粉丝知道是他们的博主刚刚抬高又砸盘了加密货币的价格，为他自己赚取了数百万，有时是数亿美元的利润。这往往导致追随者亏了更多的钱。

还有一些人是收费为项目站台。最典型的要数约翰·麦卡菲（John McAfee）。

技术天才的市场操纵之路

约翰·麦卡菲

在所有操纵加密货币市场的名人中，有一个人可谓大名鼎鼎，同时又臭名昭著。他就是约翰·麦卡菲。他在 1989 年创立了现在的全球麦卡菲反病毒软件，又在几年后出售了公司股份，几乎在一夜之间赚了 1 亿美元。从那时起，麦卡菲已经赢得了一个相当多彩的名声。他后来的商业投资都是围绕着他对享乐主义生活的偏好进行的。

麦卡菲搬到了伯利兹。他说这是由于 2008 年的经济崩溃使他 96% 的财富化为乌有；当然，也可能是为了逃避来自美国的税收问题，还有可能是为了逃避他开办的 Aerotrekking

业务中的一架超轻型飞机坠毁所带来的法律和财务影响（该事件导致他的侄子和一名付费用户死亡）。关于他的传闻很多，但人们永远无法对他进行准确的判定。他喜欢为讲故事而讲故事，尤其是像记者喜欢揭露的那样讲故事，他的故事甚至能让记者都感到困惑。

在伯利兹，麦卡菲吸食了很多毒品，成天与一群比他小很多的年轻女性在一起，喝点酒，抽很多烟，与一些保镖到处跑。他还养成了使用浴盐的习惯（一种合成的致幻剂和合法产品），并把它变成了一种毒品，用来获得兴奋。根据当天的心情，以及他对向他提问的记者的喜爱程度，他在其余时间里试图用植物制造天然抗生素、女性伟哥，或者他所沉迷的浴盐。这些说法可能是真的，也可能是假的。人们永远无法确定他是在撒谎还是在说真话，或者故事的哪些部分纯粹是为了骗取记者的注意而编造的。

麦卡菲也曾与执法部门发生过冲突。2012 年，一个伯利兹斯特警小组怀疑他在经营一个冰毒实验室。他们找到了麦卡菲并杀死了他的狗。同年 11 月，麦卡菲在伯利兹的邻居被发现头部中弹而亡，麦卡菲被列为嫌疑人之一接受调查。那位死去的邻居和麦卡菲在狗和保安的问题上有过分歧，但他被杀的原因仍不清楚。麦卡菲说凶手另有其人，但当局似乎认为麦卡菲是幕后黑手。麦卡菲乘船前往危地马拉，并邀请了几位记者跟随他。后麦卡菲因非法入境被逮捕，通过一个关系良好的危地马拉女友摆脱了困境，并假装心脏病发作以避免被引渡回伯利兹，同时为他的律师争取一些时间，最终他设法回到了美国。

回到美国的当晚，他去了迈阿密的一家咖啡馆。那时麦卡菲依然面临着谋杀伯利兹的邻居的指控。在咖啡馆，他遇到了贾尼思，并于 2013 年与之结婚。两人有过闹剧，但经常一起旅行，要么住在廉价的汽车旅馆，要么出现在麦卡菲的游艇上，最后他们到了西班牙；但媒体对此并不知情。麦卡菲参加过两次总统竞选，2016 年在美国自由党内败给了另一位候选人，并在技术之外的圈子为自己赢得了更大的名声，学会了借助媒体的力量。但到了 2016 年，多年的逃亡使麦卡菲的财富急剧减少，他很需要钱。

学习如何操纵市场

2016 年，麦卡菲被安排与一家名为 MGT 资本的低价股股票公司联系。MGT 交易的是每股交易价格低于一美元的小型上市公司的股票，被称为低价股。此时，MGT 实际上是一家空壳公司。它已经卖掉了自己的资产，没有任何价值，除了一个相对罕见的优势——它在纽约证券交易所上市了。这意味着它有一定程度的声誉。该公司和麦卡菲一样，很需要钱。它们看中了麦卡菲网络技术天才的名声和他在媒体圈的影响力，也许能够为这一网络安全公司的品牌重塑一定的可信度，并为该品牌制造一些亟需的“噪音”。公司付给他一份丰厚的薪水（年薪 25 万美元，外加 25 万美元的奖金），并以他的名字为新的网络安全品牌重新命名。MGT 现在有了麦卡菲的支持，但它们需要投资。

MGT 从佛罗里达州的投机者巴里·霍尼格（Barry Honig）那里得到了投资，他投入了 85 万美元以换取一部分股票。在后来的审判中，霍尼格被指专门操纵低价股，使其看起来对投资者更有吸引力，实际上是对低价股市场进行拉盘和砸盘操作。霍尼格的努力奏效了：新股票从每股 0.37 美上涨至每股 4.15 美元，媒体纷纷以“约翰·麦卡菲的神秘新公司股票是目前美国最热门的股票”为标题进行报道。但现在公司处于麦卡菲的管理之下，意味着要遵从他的规则。麦卡菲认为现有的股份结构对投资者太慷慨了，就改变了股份结构，除非霍尼格再投资 116.55 亿美元，否则他将无法拿到报酬。霍尼格甚至连反应的时间都没有，股票很快就被抛售，超额的股票也失去了价值。随后，美国证券交易委员会就采取了打击行动，并提起了一系列的诉讼。到 2016 年年中，MGT 资本公司已经拉盘并砸盘过了。

麦卡菲在 2016 年执掌 MGT 资本后不久，就任命了比特币基金会的执行董事布鲁斯·芬顿（Bruce Fenton）加入他在公司新设立的加密货币顾问委员会。有人告诉他，比特币是下一个大事件，麦卡菲也对此深信不疑。MGT 资本成了一家比特币挖矿公司。它们买的矿机越多，对网络安全的提及就越少。最后，它们从未发布过任何网络安全产品。MGT 挖比特币，收益很好，但加密货币挖矿很热，效率很低，能挖出来多少也是可预测的。对于麦卡菲这种热衷于戏剧性生活的人来说，这远远不够。真正的财富是在加密货币市场的波动中进行交易而产生的。

麦卡菲从霍尼格那里很好地学到了如何操纵低量波动的市场，而低量波动的市场很容易被操纵。低价股是受管制的，而且美国证券交易委员会会严查操纵行为，麦卡菲很清楚这一点。然而，加密货币是新事物，在当时是不受监管的。加密货币还具有匿名性，执法部门根本还没有跟上节奏。麦卡菲很快意识到，加密货币比其他市场更容易被操纵，风险也更低。大约在这个时候，加密货币正在升温。比特币从几乎一文不值涨到了每枚 500 美元左右，到年底又翻了一番。加密货币开始得到主流的关注。一年后，到 2017 年的初夏，市面上已经有超过 2000 种加密货币，比特币的价格开始飙升。各种竞争币（即数以千计的其他小型加密货币）也开始得到关注。

到 2017 年底，加密货币的价格全面飙升。人人都在谈论它，很多代币都在暴涨，很多人都赚到了投机性的钱。每个人都在寻找下一个投资趋势，迫不及待地想获得下一轮的财富密码。

下一个大投资

加密货币的追随者，特别是一些 YouTube 博主和网友，开始大肆炒作一种被称为隐私币的加密货币。隐私数字货币交易的任何部分都无法被追踪，所以它在暗网市场特别受欢迎：可被用于毒品和其他非法交易。并非所有购买隐私币的人都会将其用于非法目的。一些人认为隐私币是在人权被侵犯、对政府的信任与日俱减的情况下，维护某种程度的隐私或自治的必要技术。其他人只是投机性地买入，相信在这些确切的因素下代币的价值会上升。门罗币（Monero）是最知名、最受欢迎、使用最频繁的隐私币之一，已经迎来了暴涨。但还有其他隐私加密货币，在此之前几乎没有人关注过。

人们普遍认为，让价值很低的东西升值 10 倍或 100 倍，比让价值很高的东西升值同样的倍数要容易；因此，加密货币社区的许多人开始寻找下一个可能成为爆款的隐私币。一个鲜为人知的隐私币是 Verge，其代码为 XVG。

价值 20 亿美元的推文

2013 年，一个日本柴犬的头像流行起来。当年晚些时候，一个搞笑性质的加密货币被推出，使用了这个卡通狗作为它们的标志。狗狗币（Dogecoin）从来没有想过要严肃运行，也没有任何用例，却在加密货币中走红了，主要是因为日本人喜欢狗，以及使用加密货币的人觉得狗狗币很可爱。Verge 最初是作为隐私版本的狗狗币而建立的，被称为狗狗币的“分叉”。这是一种已经流行起来的复制加密货币的做法。Verge 还没有达到狗狗币那样莫名其妙的高点。但它是一种廉价的隐私币，一些加密货币的拥趸认为它有可能会被拉盘或在下一次加密货币牛市中暴涨，原因是它与流行的狗狗币相似，或者因为它有隐私功能。

一位名叫彼得·加兰科（Peter Galanko）的投资者低价买了一大堆 Verge，然后他几乎立即看到了价格飙升，使他的投资胀了四倍。他现在很有钱，并且想得到更多。彼得建立了一个 Twitter 账号 XVGWhale（“Whale”即鲸鱼，鲸鱼是对大型加密货币的称呼）。他收获了 6 万名 Verge 粉丝。但 Verge 只是成千上万种加密货币中的一种，彼得需要使其脱颖而出。彼得听说过麦卡菲在科技界的名声，以及他数量众多的国际追随者和他提升公司价值的能力。彼得确定了一件事：如果要 Verge 大幅升值并使自己成为真正的富人，就需要麦卡菲的帮助。

约翰·麦卡菲现在已经在加密货币领域赢得了相当高的声誉，与他丰富多彩的人生故事不相伯仲。他曾发过一条推文，巩固了他在加密货币领域的地位。2017 年 7 月 17 日，他在 Twitter 上承诺，如果一枚比特币的价格在三年内没有达到 50 万美元，他将在国家电视台上吃掉自己身体的某个关键部位。让人惊讶的是，三年后，他反悔了，没有吃掉任何身体部位。这条推文至今仍在互联网上被广泛提及。

此时，麦卡菲在 Twitter 上有超过 70 万名粉丝。Twitter 是被用来推动加密货币的主要社交平台，麦卡菲也许是制造影响的最佳人选。彼得·加兰科只需要说服他为 Verge 发推文。彼得给麦卡菲打了一个电话，之后在麦卡菲家住了一周的时间。二人没有交换正式合同，但不久之后，麦卡菲开始在 Twitter 上赞扬 Verge，说这个项目“不能输”。Verge 的市值直线上升，增值了 20 亿美元。这条推文使 Verge 的价格上涨了 1800%。从它的总增长来看，当年年初投资的 1 美元现在价值超过了 1 万美元。

与 MGT 一样，麦卡菲认为他的投资者得到的回报过于好了，他再次感到被欺骗了。他想从这 20 亿美元的投机财富中分得一杯羹，毕竟这是他凭空打造出来的。他向彼得索要相当于 200 万美元的报酬，但彼得不想付这个钱。他只是一个投资者，并不是创始人或 Verge 的团队成员。他不能代表其他投资者，他们都从拉盘中受益了。彼得与 Verge 团队谈过，他们也不想或不能支付这笔钱，但表示可以支付 7 万美元。麦卡菲则希望对方支付 10 万美元，如果项目方不同意，他在私下交流中说，将让项目遭受更大的损失。麦卡菲发推文称他计算失误，要求粉丝原谅，并说 Verge 的真正价值并没有这么高，于是 Verge 崩盘了。麦卡菲否认这一结果是由他造成的，但因为这是加密货币，存在很多可能性，而我们可能永远无法知道具体原因。

到现在为止，麦卡菲已经学会了如何拉盘和砸盘，并明白了一个更关键的事情：凭借他的追随者和影响力，自己能很轻易地操纵加密货币市场。对于加密货币来说，这是一系列拉盘和砸盘活动的开始。太多的人被卷入接下来发生的事情中，有些人发了小财，大多数人则赔了钱，还有一些人旁观即将发生的加密货币灾难，有些人真的准备好了爆米花，等待着灾难降临。

大量的推文

关于 Verge 的推文让麦卡菲意识到了在加密货币领域赚钱是多么容易。如果他只用一条推文就能操纵市场中的 20 亿美元，那么他完全可以再次这样做，而且他似乎是这样做的合适人选。麦卡菲是有名的技术天才；在人们知道他们需要反病毒软件之前，在计算机病毒普遍兴起之前，他就创立了一家反病毒软件公司。无论外界如何评价他，麦卡菲无疑是聪明的。而他显然意识到了围绕加密技术的炒作和金钱更符合他的反权威、自由主义气质。到目前为止，他对加密货币的预测是正确的，这对他很有帮助。他在 Twitter 上发布了关于比特币的消息，随后比特币上涨。他又在 Twitter 上发布了更多关于比特币的消息，比特币又上涨了一些。他关于

Verge 的推文为这个在很大程度上不为人知的加密货币凭空创造了 20 亿美元的价值，而他的下一条负面推文则将其打回了原形。人们不一定知道是他一个人的影响力操纵了 Verge 的价格，但足够多的人开始认为，也许麦卡菲对加密货币的预见性与他对计算机病毒和网络安全的预见性是一样的。

现在是麦卡菲利用这一点的时候了。2017 年 12 月，他开始在 Twitter 上发布他所谓的“代币报告”，每条推文都推荐一种不同的加密货币。他不会详细说明为什么要在当天购买该特定的加密货币，他会让上一个拉盘项目的创始人也附和他。

不到一个月，在 2018 年，麦卡菲在 Twitter 上发表声明：“由于每周有超过 100 个新的 ICO，而且由于你不能操纵它们（长期投资），每周只做一个是没有意义的。它们中的许多都是好项目。我每周至少会随机推荐三个代币。”不久之后，他转为每天唱多一个币，并开始收费：每条推文 10.5 万美元。麦卡菲所推广的加密货币项目质量变得越来越糟糕了。他发表的推文背后似乎没有任何东西，只要给他钱就行。有些项目是骗局，大多数是证券交易委员会所描述的“本质上价值较低”的项目。一般来说，他所推广的项目没有长期用途或价值，风险较大，只是为了赚取广告费才推广的。然而，有足够多的人不想错过发财的机会，每天或每周都在等待“麦卡菲唱多”（PumpAfee）的推文。到了 12 月底，人们对这些公然操纵市场的行为产生了强烈的反感，迫使麦卡菲又开始回归到每周只推荐一个代币。

最初，麦卡菲的推文影响力确实很大，能让整个市场激烈拉升，在几分钟内带来 50% 到 350% 甚至更高的价值增长。代币往往会在他发布推文后的几秒钟内就开始暴涨。成千上万的加密货币交易员每天都会在麦卡菲要发推文的时间坐在屏幕前，在多个交易所准备好他们的比特币，以期尽快对暴涨采取行动，而且往往是恐慌性地尽快买入该币，疯狂地希望在买入后继续上涨。有些人做得很好，但大多数人都赔钱了。在这些狂乱的拉盘和砸盘活动中，加密货币的问题是，你不只是在与人的速度竞争。在加密货币中，交易所的很多交易是由机器人完成的。这些机器人甚至不是根据人类的命令做出反应，而是根据社交媒体、交易量的增加，以及其他人和其他机器人的购买做出的反应。这些机器人会快速买入，但即使是它们也不一定能保证买得足够低或卖得足够快以赚取利润；因为在推文发出时，有海量的人在等着购买代币，而且它的流动性和交易量都很低。一些交易员创建了特殊的机器人，专门读取麦卡菲推文中提到的代币，并自动购买。机器人的表现比人类对推文的反应要快。但是，只有那些在推文发布前很久就以低价买入该币，并以闪电般的速度在正确的时间卖出的人，才有可能赚钱。即使使用了交易机器人，大多数人也是赔钱的。

12 月 27 日，要么是麦卡菲想找一个有新闻价值的方式来做推文，要么是这位网络安全天才的 Twitter 账户真的被黑了。那天他的账户连续发了多条推文，推荐了不同的低市值加密货币。所有的代币都在反复地拉盘，然后砸盘，机器人在自动购买，人们开始质疑麦卡菲的行为。

结束了

麦卡菲吸取了教训，从字里行间看，他似乎已经受够了威胁。他不再推广可疑的 ICO 和低市值的加密货币项目。一年后，他向那些被他欺骗、购买了他推荐的代币的用户发了一条推文。到现在为止，大多数代币的估值已经从 2017 年的高峰几乎完全跌回了原点。他发推文说："由于美国证券交易委员会的威胁，我不再与 ICO 合作，也不再推荐它们，那些做 ICO 的人都可能会被逮捕。"

麦卡菲可以说是最有名的加密货币操纵者，至少对许多小市值的加密货币具有最大的影响力。在他的操纵行为结束后不久，ICO 热潮放缓，加密货币市场开始崩盘。封闭的社交聊天室中的拉盘和砸盘小组仍在运行，但许多新的和抱有希望的加密货币投资者已经离开了加密货币市场。围绕着无价值代币的许多炒作，或多或少，也已经谢幕。

执法部门确实抓到了约翰 · 麦卡菲。尽管他依然活跃在社交媒体上——在游艇上进行视频采访和会议，但事实上他和妻子已经躲在西班牙有段时间了。麦卡菲最后被找到、逮捕，并被美国证券交易委员会指控因“欺诈性地兜售 ICO”而赚取了 2310 万美元的利润。

第 10 章

属于人民的加密货币

法币失信和加密货币的兴起

委内瑞拉：鸡和蛋的问题

如果你在谷歌上搜索“在委内瑞拉买鸡”，谷歌会向你展示一组照片，显示购买某些食物需要一大摞纸币。在这些照片火起来时，在当地购买一只鸡已经需要1460万玻利瓦尔[①]。这堆纸币的体积比鸡都大好几倍。从那时起，通货膨胀愈演愈烈；现在买一只鸡所需的纸币要更多。

也许这组照片中最有说服力的是买卫生卷纸所需的纸币堆的大小。这些纸币使厕纸相形见绌，一卷厕纸需要260万当地货币。在委内瑞拉，许多人用纸币作为厕纸，因为纸币的价值更低。

一些工人被迫用行李箱领取工资。去超市购物就意味着

① 当地货币。2008年1月1日起，委内瑞拉实行货币改革，发行了新货币“强势玻利瓦尔”，与玻璃瓦尔的兑换比例为1∶1000；2018年8月20日，委内瑞拉开始发行新货币“主权玻利瓦尔”，与强势玻利瓦尔的兑换比例为1∶1000 000。——译者注

要用手提箱或手推车推着现金。在委内瑞拉，最大面额的纸币是 100 000 玻利瓦尔，但它的价值却很低，只值 0.23 美元，现在也许更少。你需要大约 25 张这样的钞票才能买到一千克的意大利面。随着越来越多的人使用数字银行，不得不实际运输大堆几乎毫无价值的现金的问题越来越少，但纸币的购买力却越来越差。

在委内瑞拉，恶性通胀严重。法币贬值，以至于最低工资都要以百万玻利瓦尔计算，但按黑市汇率计算，每月仅有 1 美元。该国政府多年前已不再报告通货膨胀率，不同信息来源的说法也不同，有的说通货膨胀率达到了 1000 万个百分点。其与美元的兑换率差别也很大，具体取决于你向谁兑换。在一年中，该国法币对美元贬值了 97.5%。

物价上涨得如此之快，以至于人们在去超市购物时不知道要付多少钱；从他们进入商店到拿起货物再到去结账，价格就会发生变化，有时甚至是剧烈变化。食品或原料可能在几周内涨价数倍。货币贬值幅度过大，以至于基本的食品必需品被设定为政府控制的价格，但对于那些没有家人从国外寄回国际货币的人来说，这仍然是完全无法承受的。许多委内瑞拉人依靠朋友和家人从国外寄钱回家；平均每个家庭需要 100 多倍的社会最低工资才能满足其基本生活需求。像大学教授这样的职位一个月的收入可能足以购买一些肉类或鸡蛋，但也仅此而已；当地货币的标准工资无法购买更多东西。

政府的价格控制对依赖当地货币购买食物的人来说没任何帮助。根据不断提升的利率幅度，一个月的最低工资大致只能选择以下一种食物：24 个鸡蛋；2.6 千克西红柿；6.5 千克糖；0.5 千克燕麦；1.7 千克土豆；2.8 升橙汁；300 克咖啡；3/4 张比萨饼或半个汉堡。

委内瑞拉的一些公司已经放弃了只用钱来支付员工的报酬。为了获得优秀的工人，并鼓励他们按时上班、做好工作，他们采取了用食物支付奖金的办法。每周，你都会看到工人们带着堆满鸡蛋等食物的纸箱走回家，这就是他们的每周奖金。这些鸡蛋的价值和他们的工资价值一样高，但提供了更多的确定性。

商店只在特定的日子对公民开放，食物是配给的，超市的货架经常是空的，排队的时间可能长达数小时；有时仅仅在政府控制价格的商店里买一些生活必需品就需要一整天的时间。委内瑞拉拥有世界上最大的石油储备之一，却没有钱来提炼。汽油是如此便宜，以至于他们基本上是免费赠送的。如果你在加油时付不起钱，你可以用一个鸡蛋或一根香烟支付。许多人给加油站工作人员的小费远远超过了油费。你可以用 200 玻利瓦尔为一辆普通的小汽车加油，而给服务员的合理小费至少是 500 玻利瓦尔。相比之下，一杯咖啡现在就值 200 万玻利瓦尔，一万倍于一箱汽油的价格。

从法币暴跌到加密货币

自 2017 年以来，委内瑞拉的经济一直在下滑。恶性通胀使这个曾经繁荣的国家陷入了贫困。委内瑞拉的例子很极端，但可悲的是，这并非个例；它只是全球众多案例中的一个，说明在腐败、管理不善或反复做出错误决定的情况下，经济和国家货币会糟糕到何种地步。

委内瑞拉在国家采用加密货币方面排名世界第三，超过了美国、中国和所有其他主要国家，这并非巧合。在委内瑞拉，采用加密货币并不是出于选择，而是出于需要。委内瑞拉的国家货币是如此不稳定，通货膨胀率急剧上升，法币几乎一文不值。除非人们能够持有更稳定的货币，否则储蓄会在一夜之间瓦解，家庭将无法获得足够的食物来维持生存。在 2018 年之前，美元被禁止使用，黑市汇率对玻利瓦尔不利，所以人们不得不使用其他办法寄钱回家。西联等汇款公司使在国外工作的人能够把钱寄回委内瑞拉，但正如我们所看到的，它们收取了敲诈性的高额费用，直接拿走了 14% 或更多的手续费。尽管加密货币的波动性很大，但一直是委内瑞拉人的天然安全港。委内瑞拉人持有价值 80 亿美元的加密货币，这对一个挣扎中的国家来说是个巨大的数字。

委内瑞拉政府试图推出自己的加密货币，即所谓的由石油背书的“Petro”代币，这被认为是为了避免美国的制裁，并为该国的超发货币提供一种替代。然而，Petro 并没有得到广泛的信任，许多外部观点将其归为一个失败的项目，主要是出于对发行它的政府固有的不信任；相反，传统的加密货币（如比特币）尽管其波动性很大，但对委内瑞拉的许多人来说是一条基本的生命线。它几乎是公民以更稳定的方式持有货币，并在没有政府限制的情况下在国际上发送和存储货币的唯一途径。可悲的是，委内瑞拉并不是唯一在超发货币的国家。包括美国在内的一些国家一直在以令人担忧的速度印钞，一些地方因新冠肺炎疫情导致的封锁使印钞失去了控制。许多人对政府和中央银行控制的货币正在失去信心。他们认为比特币，以及去中心化货币的潜力能保证真正的生命线和经济自由，而这正是加密货币被设计出来的一个重要考量。

加密货币带来的金融革命

回到最初

20 世纪 90 年代初，有一小群人在旧金山的湾区集会，他们的首要目标是捍卫隐私。他们在谈论密码学，这是当时只有军队和间谍机构秘密使用的工具，并开始自称密码朋客（Cypherpunks）。他们的行动领先于他们所处的时代。现在，一些国家的政府正在尽其所能地侵蚀人们生活中的隐私：人们的数据、行动和他们的钱。当前的监控工具和技术若被错误的政府利用将是很可怕的。当考虑到监控技术和某些世界政府已经可以控制我们的钱的时候，钱的未来是不明朗的。或者，更直白地说，是可怕的。如果政府愿意，它们现在可以通过阻止你接触金钱来限制你的一切行动；有些政府已经这样做了。

密码朋客运动经过几十年的发展，直到 2008 年 10 月 31 日，一个神秘人物的信息出现在了一个在线论坛上，发布了一个名为比特币的新数字货币的大纲。

时至今日，没有人知道创造比特币的中本聪是谁（或者说是一群人），也不知道比特币的真正来源。尽管伴随着波动和泡沫，以及我们所看到的围绕着加密货币生态系统的各种骗局，比特币仍然坚挺，并继续改变着世界对我们所知的货币的看法。我们所看到的骗局固然是不幸的，但它们背后隐藏着一项令人难以置信的技术的潜力。

金融革命

加密货币引发了一场令人难以置信的技术革命。加密货币有史以来第一次使世界上任何一个人都有可能获得财富。世界上任何一个人都可以从其他人那里发送和接收资金，而不需要依赖任何第三方机构、银行、支付公司或政府，减少了高额费用、延迟，并避免了封锁和制裁。这种优势不应该被低估。加密货币有潜力改变全世界数十亿人的生活。并非所有人都生活在政治或经济自由的状态下。在比特币诞生之前，以廉价、数字化和自由的方式汇款是少数人的特权。银行和第三方汇款和支付公司会对金钱交易收取极高的费用；你的收入越少，你支付的费用就越多。

世界上有25亿人，即占全世界人口的三分之一的人，无法使用银行服务。银行认为为这些人提供服务在经济上是不可行的。这使得世界上最贫穷的人，往往被迫远离家乡去找工作，并不得不支付他们收入的一大部分来把钱寄回家。汇款的平均费用是6.9%，但单笔交易的费用甚至可以高达30%，这是许多人以数字方式汇款的唯一真正途径。手续费是一笔不小的费用，因为有时候仅仅几分钱就可以决定你的家人是否能吃上饭。

加密货币的出现赋予了人们自由发送数字货币的能力。交易手续费取决于你发送的是何种加密货币，但几乎都是免费的，而且几乎都是即时到账的。加密货币已经为数百万人带来了财务自由，而这只是刚刚开始。

走向主流的加密货币

主流采用之路

加密货币现在正走向主流。

PayPal刚刚宣布开始接受比特币以及其他加密货币。最近发生了一系列关于加密货币采用的重大新闻，这只是其中之一。PayPal 的 2600 万商家和 3.46 亿用户现在可以接收、购买、存储和发送加密货币了。

传统银行正在挣扎。现实情况是，传统银行的竞争者（如 PayPal）的用户体验和客户服务实在是好得多。它们更友好，更容易使用，也更有效率。它们不产生开销，不需要维护目前大面积空的办公场地（新冠肺炎疫情导致的封闭和远程办公），可以提供更好的服务，且费用较低。更重要的是，它们的目标用户是千禧一代、年轻工人和科技精英，这些是最快的采用者和最有可能接受推广的人。问问任何在科技领域或任何创新领域工作的人，他们用的是什么银行卡；答案很可能是花样繁多的新兴银行，而不是传统的、现有银行。而现有银行的竞争者们现在接受加密货币。用户可以使用最新的借记卡存储和支付加密货币，迅速使加密货币看起来像其他东西一样成了一种常规的支付方式。

Facebook

Facebook 每月用户可达 27 亿，每日用户有 17.9 亿。它的影响力比世界上任何一家银行或中央政府都要大，它有更多的用户，正如纪录片《隐私大盗》（*The Great Hack*）所表明的那样。这部纪录片只是众多指出 Facebook 有能力影响选举结果、影响政治、利用存储的海量用户数据影响他们的购买行为的佐证之一。

几年前，Facebook 开启了一个神秘的项目。员工们要么是不知情，要么是不能谈论它。该项目被安置在一个与他们的日常办公完全不同的建筑里，目前已经被公开了。虽然他们新改名的 Diem 加密货币项目还没有启动，但其潜力带来的威胁已经在各政府、各中央银行和支付集团中掀起了巨大的全球浪潮。可以说，Facebook 的野心导致其面临着来自全球各国政府立法反对和大量挑战。但是就像比特币一样，Diem 已经动摇了世界对金钱的看法。而 Facebook 的 Diem 可以为世界提供的一个好处是，它撼动了现有的汇款体系。

全球汇款市场非常大。全世界有数十亿人需要汇款给家人，或靠汇款维持生存。也许有一些例外情况，但总的来说，汇款公司的运作方式普遍是野蛮的。它们主要是尽可能地从全世界最贫穷的数十亿人身上榨取钱财。这些人往往一天才能挣几美元，而这几美元往往能养活整个家庭，而汇款公司会极尽所能对他们进行榨取，因为这些人别无选择，只能通过汇款机构把钱打给家人。根据世界银行的说法，“汇款正在成为发展中国家最大的外部融资来源”。

加密货币是小额支付的完美选择。在小商店里，你会经常看到要求最低限额 5 英镑或 10 英镑的银行卡付款的标志。任何低于这个数额的付款都会将付款金额的很大一部分损失掉——这些钱都被刷卡服务提供商给收走了；因此，小额支付的利润率太低。使用政府发行的货币汇款是要收费的，这导致低于 50 便士的数字方式汇款是不经济的，而且商家接收汇款的费用也相对较高。加密货币可以消除这其中的大部分成本。对于较小的交易（如在发展中国家发送日常工资回家，以及无数其他微小交易的用例），加密货币现在被越来越多的人视为唯一的出路。加密货币不一定是不稳定的，与此同时世界各国的中央银行正在研究或已经在发行稳定的加密货币，作为国家货币的数字替代品。

未来的希望

塑料和海洋：一个开心的故事

无论你住在世界的哪个地方，你扔掉的塑料很可能最终会进入海洋。只有 9% 的塑料会被回收利用。海洋中 80% 的塑料来自陆地，每天都在害死海龟、鲸鱼、海豚、海豹和海鸟，它们每年因此死亡的数量可达数百万。到 2050 年，预计海洋中的塑料数量将多于鲨鱼的数量。丢弃在海洋中的塑料有很大一部分来自缺乏废物管理基础设施的沿海贫困社区。

迄今为止，废弃的塑料被认为是没有价值的。制造新的原生塑料比制造或购买回收的塑料更便宜，而且除了希望保持世界清洁外，没有人愿意捡起被丢弃在陆地或海洋中的废塑料。对于那些极度穷困的社区，人们一直拮据度日，让他们从养家糊口的工作中抽出时间去捡拾废旧塑料过于奢侈了。此外，也没有激励措施来防止塑料被丢弃。

在许多废塑料问题特别严重的社区，工资很低，那里的人们生活在贫困之中。就像世界上三分之一的人口一样，他们从来没有获得过银行账户，他们很难将自己所能赚到的一点现金存起来。各种倡议都试图通过付钱让人们收集塑料，但他们都是采用现金支付。这不是一种安全的支付方式，现金太容易被偷了。

加拿大一家快速成长的初创公司“塑料银行”创造了一种方法，使世界各地社区的废弃塑料货币化，并为收集这些废弃塑料的人提供收入。塑料银行回收收集者带回他们的“塑料银行”的塑料，在那里，他们可以将塑料换成数字货币。

塑料银行创建了数字钱包，供塑料收集者安全地存储资金，并可通过任何应用程序轻松访问。即使手机丢失或被盗，他们的钱仍然是安全的。这些人有史以来第一次可以提前储蓄和做预算。塑料银行还为其塑料收集者提供了一个数字身份和相当于信用评分的东西。成千上万的人现在可以借钱和获得贷款，以购买房子或支付教育费用，这是他们以前从未接触过的东西。如果他们的塑料收集者不想把塑料换成钱，他们可以得到食物或清洁用品，或用其支付孩子的学费。这种基础设施为世界各地的社区带来了希望的生命线，带来了经济自由，同时也净化了环境和海洋。

所有这些都是依靠加密货币所基于的技术才得以实现的。加密货币意味着小额支付可以立即完成，而且几乎是免费的；数字钱包意味着人们可以以数字方式持有、发送和接收资金，而不需要银行账户。它们为整个被传统银行和金融业抛弃的社区提供了一种无现金的普惠金融服务，这就是加密货币的意义所在。我们希望你能忽略某些骗局，并爱上这项神奇的、真实地在改变人们生活的技术。

Crypto Wars: Faked Deaths, Missing Billions and Industry Disruption
ISBN:978-1-3986-0068-3